낮은 곳에 계신 주님

GISBERT GRESHAKE
GOTTES KARRIERE NACH UNTEN
Was Weihnachten heute bedeutet

© 2020 Verlag Herder GmbH, Freiburg im Breisgau
All rights reserved.

Translated by HEO Chanwook
Korean translation copyright © 2021 by Benedict Press, Waegwan, Korea.
Korean translation rights arranged with Verlag Herder GmbH, Freiburg im Breisgau, Germany

낮은 곳에 계신 주님
오늘날 성탄의 의미

2021년 10월 21일 교회 인가
2021년 11월 4일 초판 1쇄
2024년 2월 15일 초판 3쇄

지은이	기스베르트 그레샤케
옮긴이	허찬욱
펴낸이	박현동
펴낸곳	성 베네딕도회 왜관수도원 ⓒ 분도출판사
찍은곳	분도인쇄소

등록	1962년 5월 7일 라15호
주소	04606 서울시 중구 장충단로 188 분도빌딩(분도출판사 편집부)
	39889 경북 칠곡군 왜관읍 관문로 61(분도인쇄소)
전화	02-2266-3605(분도출판사) · 054-970-2400(분도인쇄소)
팩스	02-2271-3605(분도출판사) · 054-971-0179(분도인쇄소)
홈페이지	www.bundobook.co.kr

ISBN   978-89-419-2113-4   03230

이 책의 한국어판 저작권은 Verlag Herder GmbH와 독점 계약한 분도출판사에 있습니다.
저작권법에 의해 한국 내에서 보호를 받는 저작물이므로 무단 전재와 무단 복제를 금합니다.

낮은 곳에 계신 주님
오늘날 성탄의 의미

✦

기스베르트 그레샤케 지음 | 허찬욱 옮김

분도출판사

차례

들어가며 7

I   **난장판, 쇼핑 행렬, 스트레스 그리고 커다란 동경 또는 성탄에 아직 남아 있는 것** 11

II   **저의 세계가 곧 하느님의 세계입니다** 17
    세계를 있는 그대로 보기(로욜라의 이냐시오) 19
    루블료프의 삼위일체 성화 25
    삼위일체의 생명 안에서 움직이는 세계 28
    창조와 관여 38
    극적인 삼위일체 45
    사람이 되시어 48

III   **낮은 곳에 계신 주님** 53
    자신을 버리고, 자신을 낮추시는 하느님 55
    시작은 구유에서, 마침은 십자가에서 59

가없는 사랑(쇠렌 키르케고르) 65
내가 무너지더라도 사랑을(마이스터 엑카르트) 70
나자렛: 변화된 세상 - 변화된 일상 75
놀라운 표징 84

IV "내 안에서도 태어나소서"
(게르하르트 테르슈테겐) 87

우리 마음 안에 태어나시는 하느님 89
"우리는 마리아가 되어야 합니다"(안겔루스 질레지우스) 95
우리 안의 그리스도 102
바로 지금 태어나시는 하느님 109

주 115
역자 후기 118

들어가며

이 책은 제가 2019년 대림 시기를 시작할 때 오스트리아 빈의 가톨릭 아카데미에서 했던 강연을 담고 있습니다. 감사하게도 많은 분이 이 강연에 호응해 주셨습니다. 저는 출판을 위해 많은 내용을 보충했습니다. 하지만 강연 때 사용했던 구어체 표현은 그대로 남겨 두었습니다.

이 책은 성탄에 관한 영적 성찰을 다룹니다. 오늘날 사람들은 성탄의 의미를 잊어 갑니다. 사람들은 성탄을 지내면서도 성탄의 신앙적인 의미는 무시해 버립니다. 성탄의 본래 의미를 잊어버리거나, 심지어 의도적으로 배제하기도 하지요. 이런 상황 속에서 하느님의 아드님이 사람이 되어 오신 사건을 단순히 과거에 있었던 사건으로만 받아들이는 것은 충분하지 않습니다. 성탄을 과거에 실제로 일어난 사건으로 받아들이는 것은 물론 중요합니다. 하지만 우리의 시선이 과거로만 향해 있다면,

그것은 잘못된 일입니다. 사람들은 성탄을 오래전에 일어난 하나의 '역사적 사건'으로만 여깁니다. 성탄의 의미는 점점 퇴색되어 오늘날의 우리에게는 심지어 비현실적으로 느껴지기도 하지요. 사람들은 왜 성탄이 오늘의 나와 상관이 있는지, 그렇게 오래전에 일어난 일이 어떻게 나와 관련이 있는지를 묻게 됩니다. 이 물음의 대답을 우리는 성탄 전례에서 찾을 수 있습니다. 성탄 감사송은 이렇게 노래합니다. "보이지 않는 하느님이 '오늘' 보이는 인간으로 나타나셨나이다." 성탄은 바로 '오늘' 일어나는 사건입니다. 우리가 성탄의 의미를 묵상하는 목적은 성탄이라는 사건이 오늘 나에게 어떤 의미를 지니는지 알기 위해서입니다. 성탄은 바로 "당신의 문제"(tua res agitur)입니다. 성탄이 지금 '당신에게 일어나는 사건'이라는 것을 이해해야 합니다.

『낮은 곳에 계신 주님』이라는 제목은 사실 우리가 다룰 주제의 한 측면만 드러낼 뿐입니다. 더 중요한 내용은, 하느님이 사람이 되시어 낮은 곳으로 임하시는 사건이 '바로 오늘' 우리에게 결정적인 영향을 미친다는 사실입니다. 성탄은 오늘 내가 세상을 대하는 방식과, 오늘 내가 내 삶을 대하는 방식에 결정적인 영향을 미칩니다. 하느님이 사람이 되어 오시는 사건이 과거의 일로 끝나지 않았다는 것을 우리는 곧 보게 될 것입니다. 성탄은 우리 안에서, 그리고 우리를 통해서 계속되어야 합니다. 성탄은 우리 안에서 늘 새로이 일어나는 사건이기 때문입니다.

성탄에 관한 이러한 관점을 효과적으로 드러내기 위해, 저는 이 책에서 그리스도교 전통 안에 살아 있는 여러 인물의 목소리를 함께 소개하려 합니다. 마이스터 엑카르트, 로욜라의 이냐시오, 마르틴 루터, 쇠렌 키르케고르, 키아라 루빅, 그 외에도 많은 인물이 이 책에 등장할 것입니다. 이 책을 쓰면서 성탄을 표현한 그리스도교 성화들에 큰 영향을 받았습니다. 제가 소개하는 성탄에 관한 그림들에는 공통점이 하나 있습니다. 그것은 그 그림들이 성탄이 오늘 일어나는 사건이며, 오늘 나의 삶을 변화시키고, 또 변화시킬 수 있다는 것을 분명히 드러낸다는 점입니다. 그러한 변화가 우리 모두에게 일어나기를 하느님께 간절히 기도드립니다.

기스베르트 그레샤케

I

난장판, 쇼핑 행렬, 스트레스 그리고 커다란 동경
또는
성탄에 아직 남아 있는 것

✦

대림 시기는 그리스도교의 큰 축제인 성탄을 준비하는 기간입니다. 하지만 요즘에는 대림 시기를 어떻게 보냅니까? 성탄 분위기에 취해 어디를 가나 난장판입니다. 손님을 끌어들인답시고 상점과 성탄 시장에 틀어 놓은 캐럴과 계산대의 소음은 넌더리가 날 정도입니다. 상인들은 "성탄보다 짭짤한 대목은 없다"라고 하지요. 요즘 대림 시기는 그저 상인들이 한몫 잡는 시기로 변해 버렸습니다. 사람들에게 대림 시기는 그저 쇼핑하는 시간일 뿐입니다. 사람들이 대림 시기에 하는 걱정이란 고작 구색에 맞는 성탄 선물을 준비하는 것이 전부입니다. 성탄 선물 준비를 대림 훨씬 이전, 가을에 시작하기도 합니다. 가을에 이미 성탄 과자와 아이들이 좋아하는 장난감이 싼 가격에 시장에 나오기 때문이지요. 이러한 열정적인 성탄의 쇼핑 행렬은 성탄과 함께 바로 끝나 버립니다. 하지만 시장은 다음 쇼핑 행렬을 준비하지요. 카니발(사육제)을 위한 쇼핑 행렬이 곧 이어지니까요.

성탄 조명으로 장식된 거리에는 아기 예수를 누인 구유도 있긴 합니다. 하지만 사람들은 이제 구유를 「헨젤과 그레텔」, 「백설 공주」나 「빨간 모자 소녀」 같은 동화에 등장하는 소품 정도로 생각합니다. 지인이 저에게 라이프치히에서 봤던 일이라고 전해 준 이야기입니다. 한 어린아이가 엄마에게 구유에 있는 마리아와 요셉의 상을 보고 물었답니다. "엄마, 이게 뭐야?" 엄마가 이렇게 대답했다지요. "그건 부활절 토끼의 부모들이란다." 이러한 무지가 예외적인 경우라고요? 그럴 수도 있겠지요. 하지만 성탄의 본 의미가 퇴색되어 가는 경향은 분명해 보입니다. 이제 사람들은 성탄이 무엇을 의미하는지 잘 알지 못합니다. 대부분의 사람에게 성탄이란 그저 동화 같은 시간일 뿐이지요. 나치는 성탄을 정치적인 선동 수단으로 교묘히 이용하기도 했습니다. 나치 시대에 사람들은 한스 바우만이 작곡한 「별이 빛나는 위대한 밤」이라는 노래를 즐겨 불렀습니다. "새로 태어나시는 아기처럼 오늘 온 세상도 새로워져야 하네"라는 가사로 유명한 곡이지요. 사람들은 원래는 성탄을 의미하던 가사에 나치가 선전하려는 내용을 조금씩 끼워 넣었습니다. 안타깝게도 나치의 신화적 세계관이 구세주의 탄생을 선포하는 복음을 대체해 버린 거죠. 산타클로스를 향한 관심이 아기 예수님을 향한 관심을 간단히 대체해 버리듯 말입니다.

사람들은 성탄을 '사랑의 축제', 특히 '가족이 함께 모이는 축제'로 지냅니다. 사람들은 사랑하는 사람들과 함께 보낼 조화롭고 평화로운 시간을 큰 기쁨 속에 기다립니다. 하지만 기대가 크면 실망도 큰 법이지요. 가족을 위한 축제만으로는 뭔가 부족합니다. 우리 마음속에 있는 사랑을 향한 동경, 평화와 연대를 향한 갈망은 채워지지 않습니다. 성탄 전의 큰 기대와 긴장을 보상해 주기엔 뭔가 부족합니다. 대부분의 사람들이 성탄을 준비하느라 대림 시기부터 바빠집니다. 해야 할 일이 많아서 허둥대는 거지요. 선물도 준비해야지요. 성탄 장식도 해야지요. 가족들이 오기 전에 대청소도 해야 하고, 음식도 준비해야 합니다. 할 일이 산더미 같습니다. 얼굴에는 짜증이 가득하고, 무거운 장바구니에 팔이 빠질 지경입니다. 조용한 시간은 없습니다. 사랑하는 사람과 대화를 나눌 시간도 없지요. 이렇게 바쁘게 보낸 후 맞이하는 저녁 시간은 어떻습니까? 우리는 텔레비전을 켜 놓고, 이젠 워낙 여러 번 봐서 익숙해져 버린 장면들을 멍하니 바라봅니다. 전쟁이나 분쟁, 전염병과 자연재해, 망명자와 기아에 허덕이는 아이들, 기후변화로 곤란을 겪는 지역 등 이런 장면들을 보면서 우리는 생각합니다. '인생이란 뭐, 다 그런 거지.' 우리를 씁쓸하게 만드는 성탄 풍경입니다.

대부분의 사람들이 성탄을 어떻게 지내는지 거칠게 묘사해 보았습니다. 성탄을 대하는 대략적인 사회 분위기를 묘사한 것이지만, 신앙인이라고 크게 다르지 않습니다. 과연 이래도 괜찮을까요? 이러한 경향을 마뜩잖게 여기는 이들은 말할 것입니다. "이제 안으로 숨어들자. 집의 문을 걸어 잠그고, 마음의 창을 닫자. '과거에 일어났던' 예수의 탄생, 하느님이 사람이 되신 그 놀라운 신비를 묵상하기 위해 내면으로 깊이 들어가자." 그럴듯한 제안 같습니다. 하지만 제 생각은 다릅니다. 저는 반대 제안을 하려 합니다. 세상으로 향하는 문을 닫아걸고 안으로 숨어들지 마십시오. 과감하게 세상으로 나가십시오. 이것이 바로 제가 여러분에게 전하려는 성탄 메시지의 핵심입니다.

II

저의 세계가 곧 하느님의 세계입니다

세계를 있는 그대로 보기
(로욜라의 이냐시오)

✦

성탄의 의미를 이해하기 위해서 우리는 우선 세계를 있는 그대로 볼 줄 알아야 합니다. 이는 로욜라의 이냐시오가 『영신 수련』에서도 강조한 내용입니다. 이냐시오는, 우리가 예수 그리스도의 육화를 기도 속에서 어떻게 성찰해야 하는지, 그리고 우리가 성탄 축제를 어떻게 해야 올바로 거행할 수 있는지를 알려 줍니다. 이냐시오는 말합니다. "우리는 하느님이 사람이 되어 오신 사건을 이해하기 전에, 우선 이 세상이 어떤 세상인지를 보아야 합니다. 우리가 살고 있는 바로 지금 여기, 이 구체적인 세상을 보아야 합니다." 이냐시오는 이렇게 말합니다.

우리는 이 지상에 있는 다양한 사람들을 있는 그대로 보아야 합니다. 어떤 사람의 피부색은 희지만, 희지 않은 다른 피부색을 지닌 사람도 있습니다. 어떤 사람은 평화를 누리지만, 다른 사람은 분쟁 속에 있습니다. 어떤 사람은 웃지만, 그 순간에 우는 사람도 있습니다. 어떤 사람이 태어나는 순간에, 다른 사람은 죽음을 앞두고 있습니다.[1]

이렇게 이냐시오는 서로 대립하는 인간의 상황을 언급하면서, 현실이 얼마나 모순적이고 분열적인지를 강조합니다. 세상은 원래 조화롭지 않습니다. 차이와 분열 그리고 분리가 인간의 존재와 행동을 규정하지요. 인간은 수많은 분열 속에서 헤맵니다. 수많은 분열을 겪는 인간의 조건은 앞으로도 여러 번 강조될 것입니다. 이냐시오는 이런 말도 합니다.

> 우리는 현실을 살아가는 인간들이 무슨 말을 하는지 귀 기울여 들어야 합니다. 그들이 어떻게 맹세하고, 또 서로를 저주하는지도요.

사람들이 하는 거룩한 말만 들어서는 안 된다는 말입니다. 사람들이 독한 말로 어떻게 서로 싸우는지도 알아야 한다는 말입니다. 이냐시오는 말합니다.

> 구체적인 현실 속에서 인간이 어떻게 살아가는지, 어떻게 서로 괴롭히고 상처 주는지, 어떻게 서로 죽이고, 때로는 자신을 스스로 파괴하는지도 알아야 합니다.

하느님이 사람이 되어 오심을 묵상하기 전에, 우리는 지금 바로 여기에 있는 세상을 있는 그대로 봐야 합니다. 세상을 있는 그대로 보는 것이 그 어떤 묵상과 성찰보다 우선해야 합니다. 하느님이 사람이 되어 오심을 올바로 묵상하고 싶으십니까? 그렇다면 절대 집 안으로 숨어들거나 마음의 창을 닫아걸지 마십시오. 혼자라는 편안함에 안주하지도 마십시오. 세상사 별것 없다는 식으로 굴지 마십시오. 끔찍한 일이든, 매혹적인 일이든 '인생사, 다 그런거다'라는 식으로 말하지 마십시오. 며칠 안 되는 성탄 시기만이라도 제발 그러지 마십시오. 발 디디고 있는 이 세상을 있는 그대로 받아들일 때만, 육화의 의미를 제대로 이해할 수 있음을 이냐시오는 강조합니다. 우리는 우리의 감각과 사고를 총동원하여, 이 세상을 있는 그대로 바라봐야 합니다. 왜 그래야 합니까? 두 가지 이유가 있습니다.

세상을 있는 그대로 봐야 하는 첫째 이유는 "하느님이 사람이 되신다"는 말이 무슨 말인지를 생각해 보면 곧 알 수 있습니다. "하느님이 사람이 되신다"라는 말은 하느님이 이 세상의 '일부'가 되신다는 말입니다. 지금 우리가 사는 이 세상이 거룩한 세상이 아님을 우리는 너무도 잘 알고 있습니다. 안타깝게도 이 세상은 우리가 꿈꾸어 왔던 그런 세상이 아닙니다. 차가운 현실 속에서 우리는 과거나 비현실적인 망상으로 도망갈 수도 없습니다. 성탄에는 흥청거리는 난장판이 벌어지고, 정작 도움이 필요한 이들은 사회적인 냉담 속에서 힘들어합니다. 내면의 갈망은 채워지지 않고, 사람들은 기아와 전염병으로 고통을 받지요. 사람들은 급기야 분쟁과 전쟁 속에서 서로를 해치기까지 합니다. 이 세상은 고작 그런 세상입니다. 하지만 분열과 끝 모를 고통이 넘실대는 이 세상을 하느님은 당신의 세상으로 받아들이십니다.

둘째 이유는 하느님이 사람이 되어 오신 사건을 이천 년 전에 한 번 일어나고 말았던 고루한 옛날이야기로 만들지 않기 위해서입니다. 그저 때가 되면 우리의 기억 속에 한 번씩 되살려 보는 힘없는 이야기로 만들지 않기 위해서입니다. 하느님의 사람 되심은 단순한 과거의 사건이 아닙니다. '바로 지금 여기'를 떠나서는 생각할 수 없는 현재의 사건입니다. 하느님은 바로 이 순간에도 우리의 세계를 당신의 세계로 받아들이십니다. 그리하여 우리는 이렇게 말할 수 있게 되었습니다. "저의 세계가 곧 하느님의 세계입니다." 하느님은 우리의 세계를 받아들이시고, 그 세계 안으로 들어오셨습니다. 그리고 이 세계 안에서 우리의 주님이 되셨습니다. 우리의 친구가 되시고, 우리의 형제가 되셨습니다. 하느님이 사람이 되어 오신 사건은 단순한 과거의 일이 아닙니다. 바로 지금 여기에서 벌어지는 사건입니다. 그러니 우리의 시선도 바로 지금 여기의 세상을 향해야 합니다.

이냐시오는 성탄에 관한 더 깊은 묵상 주제로 우리를 초대합니다. 다음 단계의 묵상 주제는 '삼위일체 하느님의 위격'입니다. 우리는 삼위일체 하느님을 바라보아야 합니다.

우리는 권능의 관을 쓰시고 거룩한 왕좌에 앉으신 하느님을 묵상하려 합니다. 하느님은 가엾은 마음으로 세상을 굽어보십니다. 하느님은 당신 백성들이 얼마나 어리석게 길을 헤매는지를 보시고, 얼마나 큰 고통 속에서 죽고, 또 당신에게서 멀어지는지를 보십니다. … 하느님은 이제 사람이 되려 하십니다.

이냐시오는 우리에게 삼위일체 하느님을 바라보고, 하느님의 시선에서 육화를 성찰해 보라고 가르칩니다. 이냐시오의 이러한 가르침을 우리는 루블료프의 성화들과 연결해서 다시금 성찰해 보려 합니다.

루블료프의 삼위일체 성화

✦

루블료프의 성화가 담고 있는 내용을 먼저 살펴봅시다. 창세기 18장은 아브라함이 마므레 참나무 옆에서 세 천사의 방문을 받는 장면을 전해 줍니다. 전해지는 말씀은 다음과 같습니다.

> 주님께서는 마므레의 참나무들 곁에서 아브라함에게 나타나셨다. 아브라함은 한창 더운 대낮에 천막 어귀에 앉아 있었다. 그가 눈을 들어 보니 자기 앞에 세 사람이 서 있었다. 그는 그들을 보자 천막 어귀에서 달려 나가 그들을 맞으면서 땅에 엎드려 말하였다. "나리, 제가 나리 눈에 든다면, 부디 이 종을 그냥 지나치지 마십시오."

이 단락에 '세 사람'이라는 표현이 등장합니다. 아브라함을 방문한 이 세 사람은 또한 한 분으로 표현되기도 하지요. 이 한 분은 '주님'(히브리어로 야훼)이라 불립니다. 아브라함은 이분을 "나의 주님"이라고 불렀습니다. 많은 교부와 신학자들은 앞서 살펴본 구절에서, 더욱 깊은 영적 의미를 읽어 내려 했습니다. 고대와 중세의 신학자들뿐 아니라 마르틴 루터도 마찬가지였지요. 그들은 이 구절에서 세 위격을 가진 한 분 하느님, 즉 삼위일체의 신비를 읽어 내려 했습니다.

러시아의 비잔틴 이콘 작가들도 삼위일체의 심오하고 상징적인 의미를 표현하고자 했습니다. 이러한 표현들 속에서 이콘의 독특한 양식들이 발전해 왔습니다. 물론 이 이콘들이 삼위일체의 하느님을 있는 그대로 표현하고 있다고 말해서는 안 됩니다. 이 이콘들은 단지 삼위일체 하느님을 상징적으로 가리킬 뿐입니다. 삼위일체를 표현한 이콘 중 가장 훌륭한 작품은 아마도 안드레이 루블료프(1360~1430)의 이콘일 것입니다. 루블료프는 1410년경에 세르기예프포사트에 있는 삼위일체 수도원에서 이 그림을 그렸습니다. 지금은 모스크바의 트레티야코프 미술관에 전시되어 있지요.

이 이콘은 이후 등장하는 러시아의 삼위일체를 표현

하는 성화들에 일종의 기준이 되었습니다. 이 이콘에서는 예술적 요소와 신학적 내용이 조화를 이룹니다. 사람들은 이 이콘이 지닌 압도적인 아름다움을 보고, 이 이콘이 '삼위일체를 미학적으로 증명'했다고 말하기도 합니다. 러시아의 저명한 종교철학자이자 수학자 그리고 물리학자이자 시인인 파벨 플로렌스키(1882~1937)는 이런 과감한 말도 남겼습니다. "루블료프의 삼위일체 성화가 있으니까, 신이 존재하는 것이다."

이제 루블료프의 삼위일체 성화를 육화의 관점에서 좀 더 깊이 묵상해 봅시다.

삼위일체의 생명 안에서 움직이는 세계

✦

안드레이 루블료프 「거룩한 삼위일체」
1410년경, 목판에 템페라, 트레티야코프 미술관

그림을 봅시다. 세 천사가 식탁에 앉아 있습니다. 우리가 읽었던 창세기 18장에 등장하는 아브라함의 손님들입니다. 이 세 천사는 하느님의 세 위격을 상징합니다. 여기서 조심해야 할 것이 있습니다. 하느님의 세 위격이 마치 세 천사가 나뉘어 있듯이 그렇게 존재한다는 뜻은 결코 아닙니다. 세 천사는 세 위격을 상징적으로 가리키고 있을 뿐입니다. 다시 그림을 봅시다. 그들은 같은 옷과 같은 권능의 표지(후광과 지팡이)를 지니고 있습니다. 이는 세 위격이 하나로 일치되어 있다는 것을 드러냅니다. 세 위격의 일치는 신적인 생명을 공유하는 공동체 안에서 이루어집니다. 이 공동체 안에서 세 위격은 서로 친밀한 관계를 맺습니다. 삼위가 이뤄 내는 이러한 일치는 이상적인 공동체가 어떠해야 하는지를 우리에게 알려 줍니다. 친교가 이뤄지는 장소로서의 공동체는 일치와 다양성을 함께 품어 냅니다. 삼위의 공동체가 모든 공동체의 모범입니다. 세 위격은 하나로 일치되고, 일치는 세 위격 안에서 구체적으로 드러납니다. 독일의 사상가 프란츠 바더는 이렇게 말합니다. 삼위는 "온전히 서로 구별될 때만 하나이고, 온전히 하나일 때만 서로 구별된다". 삼위일체 하느님의 생명이 모든 생명의 근원이라고 우리가 믿어 고백한다면, 일치와 다양성이 조화를 이루는 이 친교의 원리를 우리도 함께 배워 나가야 할 것입니다.[2]

이제 이콘에 표현된 삼위의 위격들을 하나씩 살펴봅시다. 이콘에서 어떤 분이 어느 위격을 의미하는지는 명확하지 않습니다. 아직까지 논란이 있고 이에 관한 여러 해석이 있긴 하지만, 제가 따르는 해석은 이렇습니다.

그림의 한가운데 계신 분이 바로 성령이십니다. 신학적으로 볼 때, 성령은 삼위의 관계를 '종합'하는 역할을 한다고 말할 수 있습니다.[3] 그림에 표현된 성령을 보고 있으면, 우리의 시선은 성령께만 머물지 않습니다. 우리의 시선은 성령의 시선이 향하는 방향, 즉 왼쪽으로 따라 움직입니다. 성령은 왼쪽에 계신 분을 가만히 응시하고 계시지요. 왼쪽에 계신 분이 바로 성부이십니다. 성부의 시선도 다른 곳을 향해 있습니다. 성부는 맞은편에 앉아 있는 분을 지긋이 바라봅니다. 성부 맞은편에 앉은 분은 성자이십니다. 오른쪽에 성자로 표현된 천사의 모습을 자세히 보십시오. 이 천사만이 권능의 상징인 지팡이를 손에 쥐지 않고, 어깨에 걸치고 있습니다. 마치 십자가를 지고 있는 것처럼 말이지요. 사람들은 이 지팡이의 위치가 성자 예수 그리스도께서 지신 십자가를 의미한다고 해석합니다. 또 우리는 한 가지 상징을 더 발견할 수 있습니다. 오른쪽에 있는 천사가 어깨에 걸친 지팡이와 곁에 두른 녹색 옷이 X 자로 교차하는 것을 볼 수 있지요. X 자는 그 자체로 십자가를 상징하는 글자입니다. 또한 그리스도를 뜻하는 그리스어 단어 크리스토스Χριστός의 첫 글자이기도 합니다.

오른쪽 천사에게서 '성자의 특징'이 발견되는 것은 우연이 아닙니다. 유사한 이콘에서 공통적으로 발견되는 본질적 특성입니다. 비교적 최근에 베들레헴의 작은 자매회 이콘 학교에서 제작된 이콘들만 봐도 오른쪽 천사에게 부여된 성자의 특징이 우연이 아님을 알 수 있습니다.[4] 루블료프의 오래되어 빛바랜 이콘보다 후대의 이콘에서 우리는 겉옷과 지팡이가 만들어 내는 크리스토스 Χριστός의 첫 글자 X를 더 분명히 볼 수 있습니다.

성부는 성자를 바라보고, 성자는 성령과 함께 고개를 돌려 성부를 바라보십니다. 다시 한번 말하지만 서로가 서로를 바라보는 이 눈길은 성부와 성자, 그리고 성령이 만들어 내는 공동체를 표현합니다. 즉, 삼위일체 하느님이 이루시는 '관계'의 일치를 표현합니다. 바로 이 일치 안에서 성부와 성자 그리고 성령께서는 당신의 생명을 우리에게 전해 주십니다.

「환대」 루블료프 형식의 이콘, 브뤼셀 인근 신트 제네지우스 로데, 개인 소장

이 그림에서 저는 중요한 사실 하나를 지적하려 합니다. 그림을 보면, 끊임없이 서로를 바라보는 세 위격의 시선이 세 위격 안에만 머물지 않는다는 것을 우리는 알게 됩니다. 세 위격이 드러내고자 하는 신적인 생명은 세 위격의 관계 안에만 머물고 종결되지 않습니다. 세 위격이 드러내는 신적인 생명은 중앙을 향하고 있습니다. 중앙에 무엇이 있습니까? 그렇습니다. 분명 제대입니다. 그냥 제대가 아니라 중간에 빈 공간이 있는 것으로 봐서, 유해를 모신 제대일 겁니다. 사람들은 제대의 네 모서리가 세계 전체를 상징하는 숫자 4와 연결된다고 해석해 왔습니다. 그러니까 제대는 우주 만물, 그리고 세계 전체를 상징합니다. 우리는 이 제대 위에 놓인 성작을 봅니다. 온 세상을 위해 희생하신 그리스도의 피가 담긴 성작입니다.

삼위일체를 표현한 이콘들이 공통적으로 강조하는 부분이 있습니다. 이콘을 해석하는 사람들이 거의 동의하는 부분인데요, 그것은 바로 세 위격이 끊임없이 대화하고 있다는 것입니다. 성자 예수 그리스도를 세상에 보내시는 결정도 이 끊임없는 대화에서 나온 결정입니다. 우리는 상상해 볼 수 있습니다. "내가 누구를 보낼까? 누가 우리를 위하여 가리오?"(이사 6,8). 성부께서 성자께 물으십니다. 마치 이사야 예언서에 나오는 말씀처럼 말이지요. 아타나시우스는 이사야 예언서의 이 말씀을 성부께서 성자를 세상에 보내신 일과 연결시켜 해석했습니다. 성부의 손은 성작을 향해 있습니다. "내가 누구를 보낼까?"라는 성부의 물음은 이제 '누가 이 잔을 들 것인가?'라는 물음이 됩니다. 이 물음에 성자께서는 온전한 순종으로 응답하십니다. 성자께서는 당신의 손을 제대 위에 놓인 성작을 향해 뻗으십니다. 이로써 성자께서는 당신에게 주어진 사명을 기꺼이 받아들일 것임을 드러내십니다. 기꺼이 당신을 내어놓으실 것임을 드러내십니다. 그림을 보면, 성자께서 가만히 고개를 숙이고 계시는 것을 볼 수 있습니다. 고개를 숙인 모습 역시 성자께서 성부가 맡기신 사명을 조건 없이 받아들이신다는 것을 표현합니다. 그림에서 발견되는 이 모든 표현은 성자께서 얼마나 헌신적으로 성부의 뜻을 따르려고 했는지, 성자께서 우리를 구원하시기 위해 사람이 되시려는 그 사명을 얼마나 적극적으로 짊어지려 하셨는지를 명확히 보여 줍니다.

성자의 파견을 위해 성부와 성자 사이의 '대화'만 있었던 것이 아닙니다. 성령께서도 함께하셨습니다. 성령께서는 함께 대화하시며, 대화에서 실현되는 모든 일을 거룩하게 하십니다. 우리는 성령으로 표현된 천사에게서 축성하는 손 모양을 볼 수 있는데, 이는 성찬례의 성변화 때 사제가 보여 주는 손 모양을 떠올리게 합니다. 사제는 바로 이 축성하는 손으로 성변화를 이룹니다. 정교회는 축성하는 행위가 성변화에 결정적인 요소라고 가르칩니다. 동방 정교회의 전통은 성체성사를 제정하신 예수님의 말씀보다는 성령 청원, 즉 성령께서 축성해 주시기를 바라는 기도를 더 중요하게 여깁니다. 성령께서 지금 구원을 이루시고, 또 완성해 주시기를 바라는 기도이지요.

동방 시리아 교회가 성체성사를 제정하신 예수님의 말씀을 빼고 성령 청원만으로 성찬례를 거행했다는 것이 몇 년 전에 밝혀져 논란이 된 적이 있습니다. 논란이 있긴 했지만, 가톨릭교회도 동방 시리아 교회의 전례문이 유효하다고 인정했습니다. 정교회는 성령을 청하는 성령 청원 기도가 성변화에서 결정적 요소임을 굳건히 믿어 왔고, 가톨릭은 정교회의 이 믿음을 인정한 것입니다.

정리해 봅시다. 삼위의 모든 위격이 육화에 관여하십니다. 성부는 보내시고, 성자는 파견되어 당신의 사명을 이루십니다. 성령은 이 모든 일을 이루는 데 힘을 주시며 마침내 완성에 이르도록 이끄십니다. 그림을 보면서 말씀드렸던 내용이 이제야 분명해집니다. 끊임없이 서로를 바라보는 세 위격의 시선은 세 위격에만 머물지 않습니다. 세 위격이 드러내고자 하는 신적인 생명은 세 위격의 관계 안에서 종결되지 않습니다. 신적인 생명은 세 위격 안에서만 머물지 않습니다. 세 위격이 드러내는 신적인 생명은 중앙을 향해 있습니다. 중앙에 있는 제대를 향해 있습니다. 구원받아야 할 세상, 그렇습니다. 바로 우리를 향해 있습니다. 하느님 스스로 사람이 되어 오시기로 한 이 결정으로 우리는 저 깊은 하느님의 생명 안으로 들어가게 되었습니다. 우리뿐만이 아닙니다. 이 세계와 역사, 한 사람 한 사람의 삶은 물론 인류 전체가 하느님의 생명 안으로 들어가게 되었습니다. 우리는 하느님과 상관없는 세상에서 살아간다고 말해서는 안 됩니다. 우리는 하느님을 벗어난 곳에, 하느님과 대립해서 있을 수 없습니다. 바오로가 아레오파고스에서 한 시인의 말을 빌려 말했듯이 "우리는 그분 안에서 살고 움직이며 존재합니다"(사도 17,28). 하느님의 시선에서 봅시다. 하느님은 당신의 생명을 우리에게 주셨습니다. 이 세계와 역사, 우리 한 사람 한 사람에게 당신의 생명을 주셨습니다. 하느님은 권능의 왕관을 이 지상의 제단으로 건네주셨습니다. 구원의 상징인 거룩한 잔을 우리에게 건네주셨습니다.

창조와 관여

✦

사람들은 성작과 제대에 관련된 해석은 배제하고 삼위를 표현한 이콘을 볼 수도 있습니다. 세 위격이 우리가 사는 세계를 향한다고 보지 않고, 세 위격의 관계가 세 위격 안에만 머문다고 볼 수도 있는 것이지요. 신학적으로 표현하면 이렇습니다. 창조는 오직 하느님의 온전히 자유로운 의지로 이뤄지는 것으로, 사실 창조가 없어도 ― 창조된 피조물이 없어도 ― 하느님은 하느님이십니다. 하느님께는 삼위의 관계로 충분하시지요. 그러나 하느님은 피조물들의 하느님, 인간의 하느님이 되시기로 결정하셨습니다. 어디 그것뿐인가요? 하느님은 당신이 만드신 피조물 안으로 들어오시어, 조건 없는 사랑 안에서 당신을 내어 주시기로 결정하셨습니다. 우리의 이콘 해석이 옳습니다. 하느님은 당신 생명을 우리에게 내어 주시고, 철저하게 우리의 삶에 관여하십니다. 하느님은 세상을 창조하기로 마음먹으신 그 순간에 이미 육화를 결정하셨습니다. 그 순간에 이미 성자를 통한 인간의 구원을 결정하셨습니다.

유명한 신학자였던 한스 우르스 폰 발타자르는 창조의 의미에 관해 다음과 같은 훌륭한 글을 남겼습니다.

> 우리는 곰곰이 생각해 보아야 합니다. 창조주 하느님이 당신의 뜻을 대놓고 거스를 수 있는 피조물을 창조하신 것이 얼마나 큰 모험이었는지를요. 자유로운 피조물인 인간이 창조주의 뜻을 거스를 때, 하느님은 어떻게 하셨어야 할까요? 당장 인간을 없애 버리셨어야 할까요? 만약 그렇게 하셨다면, 당신이 시작하신 경기에서 패하는 것이 됩니다. 반대로 하느님이 인간의 배반을 가만히 내버려 두셨어야 할까요? 만약 그러셨다면, 이는 결국 하느님이 인간의 자유를 무시한다는 뜻이 됩니다. 인간이 자신의 자유의지로 무엇을 하든, 하느님은 당신 권능으로 모든 것을 덮어 버릴 수 있다는 뜻이니까요. 왜 하느님은 세상을 창조할 모험을 하셨을까요? 세상 창조 때부터 영원하신 아드님께서 죄인들의 보증인이 되셨기 때

문입니다. 성자께서 우리 인간들과의 깊은 연대 안에서, 당신 자신을 우리에게 내어 주셨기 때문입니다. 하느님에게서 버림받았다고 외치는 그 처참한 순간까지 말이지요. 성자께서 당신을 바치심으로 이 끔찍한 세상도 '하느님이 보시니 좋은' 세상, 마땅히 있어야 할 세상이 된 것입니다.[5]

하느님이 세상을 창조하려 하셨을 때, 하느님은 인간이 자유를 남용하여 일으키는 문제들을 해결할 방법을 미리 마련해 두셨습니다. 하느님은 끝까지 세상에 관여하십니다. 하느님의 아드님, 즉 하느님 자신이 친히 십자가의 죽음을 받아들이시고, 하느님에 대한 인간의 배반을 고통 속에서 받아 내십니다. 성자께서는 십자가 위에서 당신의 끝없는 사랑을 보여 주십니다. 우리와 끝까지 함께하시려는 하느님의 의지가 인간의 배반을 압도합니다. 우리를 기꺼이 용서하시려는 하느님의 계획 앞에서 인간의 배반은 힘을 잃습니다. 악은 악을 낳는다는 '악의 논리'(프리드리히 실러)는 하느님의 사랑 앞에서 무너집니다. 이제 새로운 자유가 우리에게 주어집니다. 언제든 다시 시작할 수 있다는 희망이 우리에게 주어집니다. 죽음도 꺾지 못할 희망입니다. 사랑의 일치 안에서 창조주와 피조물은 하나가 됩니다.[6]

하느님께서는 이토록 세상에 깊이 관여하십니다. 이러한 하느님의 관여는 육화와 십자가 죽음에서 가장 극명하게 드러납니다. 루블료프가 자신의 이콘에서 인상적으로 표현하고자 했던 것도 바로 이 '하느님의 관여'입니다. 루블료프는 이콘에서 삼위일체가 누리는 내적 생명, 그리고 삼위일체가 인간 역사에서 이루시는 업적이 서로 밀접히 연결됨을 보여 줍니다. 신학 개념으로는 전자를 '내재적'(immanent) 삼위일체라 하고, 후자를 '경륜적'(ökonomisch) 삼위일체라 합니다. 하느님이 세상을 창조하신 이후로, 삼위일체 하느님이 누리시는 내적 생명은 사실 삼위만의 생명이 아닙니다. 그 생명 안으로 온 세상이 받아들여졌으니까요. 하느님이 사람이 되어 오셨고, 이로써 하느님과 인간은 일치를 이룹니다. 무엇으로도 폐기될 수 없는 일치입니다.

이콘의 그리스어 제목도 우리가 말하고자 하는 바를 잘 드러냅니다. 그리스어 제목은 바로 「필록세니아」

φιλοξενία, 즉 '손님을 환대하기'입니다. 이 제목은 우선 아브라함이 세 천사를 손님으로 맞는다는 창세기 18장의 내용을 드러냅니다. 하지만 우리는 좀 더 깊은 묵상을 통해 우리와 함께 묵으시고 친교를 나누시는 분이 삼위일체 하느님이심을 깨닫게 됩니다. 어디 이것뿐인가요? 하느님은 삼위가 누리는 생명 안으로 모든 인간을, 아니 모든 피조물을 초대하십니다. 손님을 환대하는 분은 하느님이십니다. 온 우주가 하느님의 환대 안에 머물게 됩니다. 이것을 이콘은 표현하려 했습니다.

아쉽게도 루블료프의 이콘이 놓친 것도 있습니다. 앞서 우리가 살펴본 이냐시오의 가르침, 즉 육화를 이해하는 데 필요한 두 가지 길을 이콘은 정확히 파악하지 못했습니다. 이냐시오는 우리가 육화를 이해하기 위해서는 하느님의 세 위격만 바라봐서는 안 된다고 말합니다. 삼위께만 귀를 기울이고 삼위께만 마음을 쏟아서는 안 됩니다. 우리는 사람들도 봐야 합니다. 이 땅에서 살아가는 모든 사람이 얼마나 찢기고 갈라져 있는지, 얼마나 많은 상처를 주고받는지, 심지어 서로를 죽이고 스스로 망가져

가는지를, 우리는 눈 감지 않고 분명히 보아야 합니다. 그러한 세상에 하느님께서 오시기 때문입니다. 바로 그러한 세상을 하느님께서 받아들이고, 또 돌보시기 때문입니다. 이 비루한 세상은 이제 하느님이 마련하신 생명을 누리게 되었습니다. 이제 하느님과 인간이 함께 만들어 가는 이야기가 시작됩니다. 사람들이 하느님을 거부하고, 사람들이 하느님이 없다고 외칠 때에도, 하느님은 이 세상에 오십니다. 하느님이 이 세상에 오신다는 것은 결국 당신 스스로 한없이 낮아지겠다는 것입니다. 사람들의 거부와 거역을 참아 내겠다는 것이고, 마침내 증오에 찬 죽음마저도 기꺼이 받아들이겠다는 것입니다. "만물의 창조주 하느님께서 당신의 권능을 버리셨네. 스스로 종의 모습을 취하시어, 낮아지고 비천하게 되시었네"(독일성가집 247,3). 성탄 성가가 노래하는 내용이 실제로 이루어졌습니다. 하느님의 낮아지심에 관해서는 이 책의 다른 부분에서 좀 더 깊게 다루겠습니다. 하지만 저는 루블료프의 이콘과 관련해 한 가지만 지적하고자 합니다. 루블료프가 자신의 이콘에서 표현한 세 위격은 정작 현실과는 얼마간의 거리를 둔 것처럼 보입니다. 하느님과 인간이 함께 만들어 가는 이야기, 즉 하느님의 낮아지심과 사람들의 거역, 십자가 위에서 겪으시는 수난과 죽음 등, 실제로 일어난 일들이 그의 이콘에서는 잘 보이지 않습니다. 아마도 루블료프는 모든 고통과 악을 넘어서는 하느님의 초월성을 더 강조하고 싶었는지도 모릅니다. 그에게 그런 의도가 있었다고 해도, 하느님께서 스스로를 낮추시고 비천하게 되시어 인간존재의 심연까지 내려오셨다는 사실이 그림에서 분명히 표현되지 않은 것은 분명 아쉬운 일입니다.

마침 루블료프가 놓친 것을 잘 표현하는 그림이 있어 여러분에게 소개합니다. 함께 묵상해 봅시다.

극적인 삼위일체

✦

이리스 뮐러 수녀 「자비로운 삼위일체」 양각 세라믹, 스위스 카치스

이 작품은 스위스의 도미니코회 수녀인 이리스 뮐러가 만든 「자비로운 삼위일체」라는 제목의 작품입니다. 점토를 구워 만든 테라코타 방식의 작품이라서, 회화에서처럼 각 위격이 색상으로 선명히 구별되지는 않습니다. 아

쉽게도 우리는 이 인상적인 작품을 사진이 전해 주는 대략적인 형태로 볼 수밖에 없습니다.

작품의 구성부터 우선 살펴봅시다. 이 작품의 구성은 루블료프의 작품과 같습니다. 루블료프의 이콘에서처럼 이리스 뮐러의 작품에서도 세 위격의 시선은 중심, 곧 세계를 향합니다. 바로 우리 인간을 향합니다. 루블료프의 작품의 중심에는 '장엄한' 제대가 자리하고, 그 제대 위에 금으로 된 성작이 놓여 있습니다. 바로 이 성작 안에 우리 인간을 위해 흘리신 성자의 피가 담겨 있습니다. 반면 이리스 뮐러 작품의 한가운데에는 무엇이 있습니까? 예, 그렇습니다. 바로 사람이 있습니다. 심하게 다쳐 죽어 가는 사람, 스스로의 힘으로는 한 발짝도 더 나아갈 수 없는 그런 사람입니다. 착한 사마리아인의 비유에 나오는 강도 맞은 사람을 떠올리게 합니다(루카 10,30 참조). 이리스 뮐러의 작품에 표현된 삼위일체 하느님은 높은 옥좌에 앉아 계시지 않습니다. 삼위께서는 영광의 높은 옥좌에서 내려오시어 쓰러진 사람을 돌보십니다. 각 위격만이 하실 수 있는 고유한 방식으로 사람을 도우십니다. 아버지는 일으키시고, 아들은 발을 씻기시며, 영은 새로운 힘을 주십니다.

　이 작품은 삼위일체 하느님이 우리의 눈높이까지 내려오시어, 우리를 얼마나 살갑게 돌보시는지를 보여 줍니다. 우리는 이런 하느님의 돌보심을 가히 '극적'이라고 말할 수 있을 것입니다. 우리는 하느님의 큰 영광을 봅니다. 하느님의 영광은 하느님이 우리를 돌보시기 위해 스스로 낮아지시고 비천해지신 그 순간에 가장 밝게 빛납니다.

사람이 되시어

✦

"말씀이 사람이 되시어 우리 가운데 사셨다"(요한 1,14). 요한복음 1장의 말씀입니다. 이때 '사람'으로 번역된 원래 단어는 사람을 뜻하는 단어가 아니라, '육'肉을 뜻하는 단어입니다. 육이라는 단어는 예나 지금이나 그리 고상한 단어는 아닙니다. 성경에서 '육'은 인간의 비천함, 그리고 결국은 죽어 없어질 인간의 비참한 운명을 가리키는 말이었습니다. 바오로 사도도 육을 '죄 많은 육'이라고 말했습니다(로마 8,3 참조). 바오로에게 육은 죄로 더럽혀진 세계, 멸망에 이른 타락한 세계를 의미합니다. 이 '육'을 하느님은 받아들이셨습니다. 이 육 안에서 하느님은 스스로 낮아지셨습니다. 이 육 안에서 하느님은 사람이 되셨습니다. '죄 외에는 우리와 똑같은 사람'이 되셨습니다(로마경본 4양식, 히브 4,15 참조).

    요한복음은 세상이 결단해야 하는 순간이 왔다고 말

합니다. 대립하는 양자 간에 하나를 분명히 선택해야 합니다. 한쪽은 예수님을 받아들이지 않는 쪽입니다. "세상은 그분을 알아보지 못하였다. 그분이 자기 땅에 오셨지만 그분의 겨레는 맞아들이지 않았다"(요한 1,10-11). 예수님은 '참빛'으로 오셨지만, 어둠 속에 있는 이들은 빛을 받아들이지 않았습니다. "빛보다 어둠을 더 사랑했"기 때문입니다(요한 3,19). 다른 한쪽은 예수님을 받아들이는 쪽입니다. 요한복음이 선포되었던 공동체도 예수님을 받아들이는 쪽에 섰습니다. 요한복음사가의 공동체는 이렇게 고백합니다. "우리는 그분의 영광을 보았다. 그것은 아버지로부터 오신 외아들다운 영광이라 그분은 은총과 진리로 충만하셨다"(요한 1,14). 우리는 하느님의 영광을 보았습니다. 우리와 함께하시려 낮아지시는 모습에서, 스스로 비천하게 되시는 모습에서, 마침내 우리를 위해 당신 자신을 스스로 바치시는 모습에서, 우리는 그 크신 하느님의 영광을 보았습니다.

아무도 요한복음이 말하는 이 '결단'의 순간을 피해 갈 수 없습니다. 거룩한 탄생, 즉 하느님이 사람이 되신 사건은 과거에 일어나고 끝난 사건이 아니라, 지금도 계속되는 사건이기 때문입니다. "요한복음사가와 그의 공동체가 고백한 것을 여러분도 고백할 수 있습니까?" 우리는 모두 이 질문에 답해야 합니다. "예, 그렇습니다. 우리는 우리가 살고 있는 이 구체적인 세상 안에 숨겨진 하느님의 영광을 봅니다. 때론 아름답고 때론 처참한 세상, 위대함과 비천함을 동시에 지닌 이 세상 안에서, 우리는 숨겨진 하느님의 영광을 봅니다." 하느님의 생명은 이 세상을 감쌉니다. 우리가 매일매일 살아가는 세상, 우리가 그 안에서 고통을 느끼고 때로는 기뻐 환호하는 이 세상이 바로 하느님의 세상입니다. 우리는 이 세상에서 모순되는 경험을 하면서 자주 힘들어합니다. 하지만 성자께서 이 세상을 당신의 세상으로 받아들이셨기에, 우리도 기꺼이 요한복음의 고백을 따르려 합니다. "그렇습니다, 주님. 우리는 당신의 영광을 보았습니다. 당신이 보여 주신 그 영광을 우리는 매일 새로이 보려 합니다." 이 고백으로 우리는 모두 초대되었습니다. 우리의 익숙하고 비루한 일상 안에 하느님의 영광이 숨어 있습니다. 하느님의 영광은 성탄의 흥청거림에도 숨어 있고, 극심한 고통 속에도 숨어 있습니다. 우리는 그 영광을 찾아내야 합니다.

이냐시오가 육화를 묵상하며 무엇을 이해하기를 바랐는지, 우리는 이제 알 수 있습니다. 그건 바로 육화가 바로 오늘의 일이라는 것입니다. 과거에 지나간 사건이 아니라, 바로 오늘의 일이라는 것을 이해해야 합니다. 하느님께서는 내가 사는 이 세상, 바로 지금 이곳을 당신의 세상으로 받아들이십니다. 그러므로 우리도 세상을 새로이 바라봐야 합니다. 세상의 화려함에 눈이 멀어 세상을 우상화해서도 안 되고, 반대로 세속적인 것을 혐오하는 극단적인 신심으로 세상에서 도피하려 해서도 안 됩니다. 하느님은 세상과 구체적인 인간 역사에 거리를 두신 적이 없습니다. 거리를 두시기는커녕, 하느님은 당신 삼위일체의 생명을 이 세상에 불어넣으셨습니다. 그리스도교의 영성은 '세상에서 도피하는 것'이 아닙니다. 시간의 번잡함을 벗어나 변하지 않는 안락을 탐하는 것도 아니지요. 한스 우르스 폰 발타자르는 이렇게 말합니다.

그리스도교를 제외한 거의 모든 종교는 세상의 무상함을 가르칩니다. 그런 종교들은 대부분 무상함 안에 피난처를 제공하려 합니다. 그것이 그 종교들이 생겨난 이유이지요. 그런 종교들은 시간의 가치도 인정하지 않습니다. 할 수 있는 한 시간성에서 도망치라고 사람들을 가르치지요. 하지만 그리스도께서는 우리의 시간 안으로 들어오셨습니다. 이 무상한 세상 안으로 말이지요. 그리스도께서는 시간을 희생하지 않으셨습니다. 반대로 그리스도께서는 시간 안에서 당신을 희생 제물로 바치셨습니다.[7]

우리는 그리스도와 함께 지금이라는 시간을 살아 내야 합니다. 우리에게 주어진 세계와 역사를 받아들여야 합니다. 삼위일체 하느님이 우리의 세상을 당신 안에 품고 계심을 우리는 믿습니다. 하느님의 영광은 우리의 세계와 시간 안에 숨어 있고, 오직 그 안에서만 우리에게 드러날 것입니다.

III

낮은 곳에 계신 주님

자신을 버리고, 자신을 낮추시는 하느님

✦

성자께서 '사람'이 되시어 우리의 세상 안으로 들어오셨습니다. 우리 세상의 '일부'가 되셨지요. 하느님은 육화를 통해 우리의 세상을 당신의 세상으로 받아들이셨고, 우리의 세상을 당신 삼위의 생명과 결합하셨습니다. 이제 우리는 육화의 진짜 이유가 무엇인지 생각해 봐야 합니다. 사람들은 흔히 육화의 유일한 목적이 타락한 세상을 구원하는 것이라고 생각합니다. 이냐시오도 『영신 수련』에서 같은 생각을 합니다. 타락하여 하느님에게서 멀어진 피조물을 회복하기 위해 하느님께서 사람이 되셨다는 것이지요. 타락한 세상을 회복하는 것이 육화의 첫 번째 이유, 아니 유일한 이유라고 사람들은 생각합니다. 저는 그 이유가 전부라고 생각하지 않습니다. 육화에는 더 근원적인 의미가 숨겨져 있습니다. 레오나르두 보프는 다음과 같이 말합니다. "육화는 무엇보다 창조의 신비를 드러냅니다. 성자께서 세상에 오시지 않았다면, 창조된 모든 것은 아무런 의미도 없었을 것이며, 결국 완성에도 이르지 못할 것입니다."[8] 보프는 이 말을 하면서 에페소서와 콜로새서를 염두에 두었을 것입니다. 에페소서와 콜로새서는 모든 것이 그리스도에게서 왔으며, 모든 것이 그리스도 안에서, 그리고 그리스도를 향하여 창조되었다고 분명히 말합니다. 그리하여 모든 것은 모든 피조물의 머리이신 그리스도 안에서 하나가 되고, 마침내 완성되어야 한다고 바오로 서간은 말합니다(참조: 에페 1,4 이하; 콜로 1,15 이하). 처음부터 모든 것은 성자의 육화를 향해 있습니다. 우리가 사는 세상은 더 이상 하느님이 창조하신 선한 세상이 아닙니다. 이제 세상은 그리스도가 주시는 복된 완성을 찾지도 않습니다. 세상은 악으로 더럽혀졌고, 하느님의 뜻에서 아주 멀리 벗어났습니다. 우리에게는 하느님이 성자의 육화를 통해 이루시는 구원이 필요합니다. 이냐시오는 육화를 묵상할 때 먼저 명확히 해 둘 것이 있다고 말합니다(이 책 19쪽 참조). 그것은 바로 하느님께서 무질서하고 타락한 이 세상 안으로 들어오셨다는 것입니다. 이러한 세상을 돌보시고, 이러한 세상을 완성으로 이

끄시려 하신다는 사실입니다.

육화는 사람들이 '자신을 버림', 혹은 '철저한 하강'이라는 말로 표현하는 독특한 형태를 띱니다. 하느님은 우리의 재앙과 같은 현실에서 멀찍이 떨어져 계시는 분이 아닙니다. 하느님은 세상의 악과 고통, 어둠과 불안에서 멀찍이 떨어져 영광의 옥좌에 머물러 계시는 분이 아닙니다. 하느님은 죄 많은 인간성을 취하셨습니다. 우리 중의 하나가 되셨습니다. 신적 영광을 버리시고 아래로 내려오셨습니다(이 책 42-44쪽 참조).

바오로의 말처럼, 성자께서는 영광스러운 하느님의 모습을 고집하지 않으셨습니다. 사람들은 자신들이 하느님처럼 높아지길 원하지요. 남보다 조금이라도 더 높아지기 위해, 사람들은 악다구니를 쓰며 온갖 추잡한 싸움을 벌입니다. 정작 하느님이신 성자께서는 당신이 하느님과 같음을 당연한 것으로 여기지 않으셨습니다. 당신 자신을 버리시고 종의 모습을 취하시어, 우리와 같은 사람이 되셨습니다. 성자께서는 우리와 같은 사람으로 오셔서 당신 자신을 낮추시고 죽음에 이르기까지, 마지막

에는 십자가에서 죽기까지 순종하셨습니다(필리 2,6 이하 참조).

바오로는 또 말합니다. "그분은 부요하셨지만 여러분을 위하여 가난하게 되셨습니다. 당신의 가난으로 여러분이 부요하게 되도록 하려는 것이었습니다"(2코린 8,9).

시작은 구유에서, 마침은 십자가에서

✦

하느님은 비천한 인간과 함께하시려 낮은 곳으로 내려오셨습니다. 하느님께서 낮은 곳으로 내려오신 사건은 예수님의 탄생 때만 일어난 것이 아닙니다. 예수님의 탄생 이후로 지금까지 끊임없이 이어집니다. 『시작은 구유에서, 마침은 사형대에서』, 발터 옌스가 마태오복음을 번역하고 붙인 책의 제목입니다.[9] 저는 이 제목이 매우 적절하다고 생각합니다. 예수님의 탄생 때 시작된 것이 십자가까지 이어집니다. 그리고 십자가 위에서 마지막 결실을 맺게 되지요. 십자가상 죽음은 예수님의 전 생애를 종합하는 사건입니다. 예수님의 탄생을 표현한 그림 중에, 예수님의 탄생을 십자가상 죽음과 직접 연결하는 그림들도 있습니다. 그 그림들에서는 구유 곁에 이미 십자가가 놓여 있습니다.

화가이자 사제였던 지거 쾨더(1925~2018)의 작품을 소개합니다. 로마 인근 산 파스토레의 콜레기움 게르마니쿰(교황청립 독일 대학)의 식당에 있는 작품으로, 그의 명작인 「죄인들의 만찬」 맞은편에 걸려 있습니다. 이 작품을 보면, 성모님 앞에 놓인 구유 안으로 십자가에 달리신 구세주의 얼굴이 거울에 반사되어 비춰 드는 것을 볼 수 있습니다.[10] 구유와 십자가가 겹쳐집니다. 성탄과 성금요일이 이어집니다. 예수님은 당신의 삶을 구유에서 시작하여, 십자가에서 마칩니다.

사람들은 모두 높은 곳으로 올라가려고 안달입니다. 하지만 하느님의 아드님은 낮은 곳으로 내려오십니다. 바로 이 '낮은 곳'이 하느님의 자리입니다. 비유적인 표현이지만 동시에 참된 진실을 품고 있는 표현, '바닥까지 내려오신' 하느님을 그리스도인들은 믿습니다. 하느님은 바닥까지 내려오셨습니다. 샤를 드 푸코(1858~1916)는 하느님의 내려오심을 여러 번 강조합니다. 우리와 같은 사람이 되시기 위해 하느님은 바닥까지 내려오십니다. 부모와 함께 멀리 도망을 가야 하는 작고 연약한 아기가 되기 위해 하느님은 바닥까지 내려오셨습니다. 순종하시기 위해, 가난해지시기 위해 하느님은 이 바닥까지 내려오셨습니다. 미움을 받아 버림받고, 결국에는 박해를 받아 십자가에서 당신 목숨을 내놓기 위해 하느님은 가장 낮은 바닥까지 내려오셨습니다. 그렇습니다. 하느님은 가장 낮은 끝자리를 택하셨습니다. 샤를 드 푸코는 자신의 영적 지도자였던 앙리 위블랭의 가르침을 마음에 새기고, 기회 있을 때마다 사람들에게 전해 주었다고 합니다. 그 내용은 이러합니다.

> 그리스도께서는 참으로 가장 낮은 끝자리로 내려오셨습니다. 아무도 그분보다 더 낮은 자리에 갈 수 없을 정도로요.[11]

아무도 그보다 더 낮아질 수 없을 정도로, 그리스도께서는 가장 낮은 끝자리로 가셨습니다. 그래서 그리스도께서는 모든 것을, 그야말로 세상의 모든 것을 당신 안에 품으실 수 있게 된 것입니다. 그리스도께서는 높고 낮은 것과 크고 작은 것, 성공과 실패, 의로움과 죄, 그리고 삶과 죽음까지, 이 모든 것을 당신 안에 품으십니다. 이사야서에 나오는 고난받는 종의 노래에서처럼, 당신에게는 이제 우러러볼 만한 풍채나 아름다움도 없습니다(이사 53,2). 세상에 당신이 품지 못할 것은 없습니다. 그리스도께서는 그것이 아무리 흉해도, 그것이 아무리 타락하고 망가졌더라도 기꺼이 당신 품에 안으십니다. 바로 여기에 성탄이 우리에게 주는 희망이 있습니다. '하느님이 우리를 품어 주신다는 희망, 여기에는 아무도 제외되지 않는다'는 희망입니다. 작고 가난한 이들, 고통받고 굶주린 이들, 사람들에게 인정받지 못하여 소외되고 멸시받는 이들, 언뜻 봐도 세상에서 가장 낮은 끝자리에 있는 것처럼 보이는 이들과 하느님께서는 가장 가까이 계십니다. 하느님은 바로 이들에게 가까이 다가가시어 당신의 사랑을 보여 주십니다.

육화는 하느님이 당신 자신을 인간적인 방식으로 제한하신 사건입니다. 우리 인간이 헤아릴 수조차 없는 무한한 분을 알아 뵙고, 그분께 가까이 나아갈 수 있도록 하기 위해서지요. 육화는 우리가 인간적인 방식으로도 하느님을 만날 수 있도록, 하느님이 당신 자신을 인간에게 맞추신 사건입니다. 레오 대 교황이 말씀하신 바대로, "이해할 수 없는 그분은 이해되기를 바라셨습니다. … 만물의 주님께서 헤아릴 수 없는 자신의 위엄을 감추시고 종의 모습을 취하셨습니다"(덴칭거 294).

사람들이 하느님을 보고, 이해하고, 인식할 수 있도록, 하느님은 사람이 되셨습니다. 하지만 그것이 육화의 유일한 이유는 아닙니다. 에리히 프시바라는 육화의 이유를 다음과 같은 말로 인상 깊게 표현합니다. 하느님은 "하느님의 영광을 내려놓기 위해, 당신 자신을 버리고 비우기 위해, 비천하게 되기 위해" 사람이 되셨습니다.[12]

육화를 통해 하느님은 인간의 구체적인 삶에 깊이 들어오셨습니다. 그중에서도 가장 낮은 끝자리, 가장 비참하고, 가장 멸시받는 사람들의 자리까지 내려오셔서 그들과 함께 삶을 나누셨습니다. 자신을 스스로 낮추시는 신의 모습은 다른 종교에서는 보이지 않습니다. 그리스도교만의 특징이지요. 그리스도교가 아닌 다른 종교에서의 신은 자신의 권능과 영광 안에서 세상을 '내려다봅니다'. 신은 세상과 철저히 분리되어 있습니다. 그러한 신은 세상에서 멀찌감치 떨어져 저 아래에 있는 인간들에게 자신의 표징이나 가르침을 툭툭 던져 줄 뿐입니다. 그리스도교처럼 신과 세상이 이렇게 친밀하게 결합된 종교는 어디에도 없습니다. 성경이 전하는 하느님만이 드높은 곳에 계시면서도 동시에 깨어지고 억눌린 사람들과도 함께하시는 하느님입니다(이사 57,15 참조). 하느님은 우리 인간의 운명을 짊어지시고, 우리와 '거룩한 교환'을 이루셨습니다. 거룩한 교환이라는 표현은 교회가 오래전부터 써 온 표현입니다. 하느님이 우리의 비참한 운명을 받아들이시고, 우리는 이를 통해 하느님의 거룩한 생명에 참여한다는 뜻이지요.

도대체 왜 하느님은 우리의 비참한 운명을 받아들이셨을까요? 바로 사랑 때문입니다. 나약하고 무력한 존재로서 기꺼이 끝자리에 머무르는 그러한 사랑입니다. 이 사랑이 세상의 미움과 냉담함을 이겨 낼 것입니다. 우리는 하느님의 이 큰 사랑을 어떻게 이해할 수 있을까요? '끝자리'에 머무르는 사랑을 우리는 어떻게 이해해야 할까요?

여러분의 이해를 돕기 위해 저명한 저자들이 쓴 두 우화를 소개하고자 합니다.

가없는 사랑

(쇠렌 키르케고르)

✦

먼저 덴마크의 철학자 쇠렌 키르케고르(1813~1855)가 들려주는 이야기입니다. 가난한 어린 여인을 사랑하여 결혼까지 꿈꾸는 한 왕의 이야기를 키르케고르는 전해 줍니다. 그 여인은 너무도 가난하여 거리에서 구걸하며 살아갑니다. 누구도 넘보지 못할 대단한 권력을 지닌 왕이 이렇게 보잘것없는 여인을 사랑한다는 사실이 사람들에게는 큰 추문이 됩니다. 키르케고르의 이야기는 이렇습니다.

> 신하들은 왕이 진노할까 봐 아무도 왕의 결정을 감히 조롱하지 못했습니다. 이웃 국가들도 왕이 가진 힘 때문에 왕의 혼인식에 맞춰 선물과 축하 사신을 보낼 수밖에 없었고요. 낮은 직책에 있는 왕궁의 사람들은 말할 것도 없지요. 모두 입을 다물었습니다.[13]

이게 정상적인 상황일까요? 아니지요. 키르케고르의 이야기는 이어집니다.

> 왕은 걱정합니다. 과연 그녀가 나와 함께하면서 행복해할까? 과연 그녀가 과거에 구걸하는 여자였다는 걸 자꾸만 생각하게 되진 않을까? 지금의 상황과 과거의 상황 사이의 큰 차이 때문에 고통스러워하지는 않을까? 그렇다면, 나의 사랑이 도대체 무슨 소용이 있는가? 차라리 그녀가 그녀와 비슷한 처지에 있는 사람의 사랑을 받으면서, 왕궁이 아닌 조그마한 여염집에 사는 것이 낫지 않을까? 그녀에게는 그게 더 마음 편하고 즐거운 일이지 않을까?

자, 이제 왕은 무엇을 해야 할까요? 왕이 자신이 가진 부귀영화로 그 여인의 혼을 빼놓아야 할까요? 그녀가 왕의 화려함에 취하도록 해야 할까요? 그녀가 행복에 겨워서, 다시는 그녀의 과거를 생각하지 않도록 말입니다.

그렇게 하면, 당장은 그 여인을 만족시킬 수 있겠지요.

하지만 그녀가 할 수 있는 일은 없습니다. 그녀가 왕에게 해 줄 수 있는 것은 아무것도 없습니다. 왕이 바란 것은 자신의 영광이 아니라, 그녀의 영광입니다.

왕은 이제 어떻게 해야 할까요? 왕이 그녀를 뿌리부터 바꿔 놔야 할까요? 요술이라도 부려서 그녀를 새로 태어나게 해야 할까요? 아니지요. 키르케고르는 말합니다.

> 사랑은 상대를 바꾸는 것이 아니라, 자신을 바꾸는 일입니다.

왕과 가난한 여인 사이의 문제를 해결하는 방법은 단 하나입니다. 이 우화가 지시하는 바를 이제 명확히 드러냅시다. 하느님과 피조물이 사랑으로 일치하는 방법은 하나입니다.

> 가난한 여인이 높은 곳으로 올라올 수 없다면, 왕이 내려갈 수밖에 없지 않은가!

우화가 말하는 바는 분명합니다. 하느님과 인간 사이의 일치를 위해, 하느님은 피조물인 우리와 같은 인간이 되셔야 했습니다. 마치 왕이 가난한 여인과 같아지는 것처럼, 하느님은 우리와 같은 미약한 존재가 되셨습니다. 비참한 운명을 지닌 존재가 되셨습니다. 우리 중에서도 가장 낮은 존재가 되셨습니다.

> "가장 낮은 존재라야 모든 이를 섬길 수 있습니다. 그래서 하느님은 스스로 종의 모습을 취하신 것입니다." 하느님이 취하신 종의 모습은 벗고 쓰는 가면도 아니고, 꾸미기 위한 치장도, 가리기 위한 위장도 아닙니다. "종의 모습은 하느님이 취하신 참모습입니다. 하느님은 당신이 사랑하는 인간과 같은 모습이 되셨습니다. 이는 하느님이 그냥 재미 삼아 하신 장난이 아닙니다. 하느님은 당신의 가없는 사랑 때문에 진실로 종의 모습을 취하셨습니다. … 다른 이유가 있다고 말하는 것은 하느님의 사랑에 대한 모독입니다."

키르케고르의 이 인상 깊은 우화는 우리에게 무엇을 말

해 줍니까? 인간은 하느님 앞에서 한없이 초라하다고 느끼고, 무력하다고 느낍니다. 하느님은 인간이 자신의 결핍과 초라함 그리고 무력함 때문에 고통받지 않기를 원하십니다. 이 고통을 없애 주시려 창조주 하느님께서는 스스로 영광의 왕좌에서 내려오십니다. 우리와 같은 미천한 인간이 되십니다. 참으로, 그리고 진실로 우리와 같은 인간이 되십니다. 우리를 향한 사랑 때문에 그렇게 하십니다. 사람들은 하느님의 사람 되심을 일종의 '위장'으로 이해하기도 합니다. '하느님이 종의 모습을 취하신 것은 하나의 은닉이다. 하느님은 당신의 영광을 인간의 가난과 초라함, 무력함과 비천함 속에 감춰 두신다'는 식이지요. 루터도 이와 비슷한 이야기를 한 적이 있습니다. 하지만 하느님의 사람 되심은 가면이나 대충 걸친 옷으로 하느님의 영광을 숨겨 두는 것과는 완전히 다릅니다. 하느님은 비천한 형상을 당신의 형상으로 온전히 받아들이십니다. 진정으로, 그리고 진실로 그리하십니다. 하느님이 취하신 비천함이 이제 하느님의 영광이 됩니다. 하느님이 취하신 비천함이야말로 헤아릴 수 없는 하느님의 사랑을 드러내기 때문입니다.

내가 무너지더라도 사랑을
(마이스터 엑카르트)

✦

다음으로 살펴볼 육화와 관련된 비유는 마이스터 엑카르트가 전해 준 이야기입니다. 마이스터 엑카르트도 이 이야기를 아마 다른 곳에서 들었을 것입니다. 그는 좀 잔인한 이야기로 자신의 성탄 강론을 시작하는데요, 저도 이 예화를 들어 성탄 강론을 해 봤습니다만, 그때마다 사람들이 이 예화를 거북해한다는 걸 알았습니다. 잔인한 예화가 은혜로운 성탄 분위기와는 맞지 않는 거죠. 그래서 저는 청중들에게 미리 양해를 구한 후에 이 이야기를 들려줍니다. 사람들이 마음의 준비를 하고 많이 놀라지 않도록요.

마이스터 엑카르트가 육화의 사건을 해설하며 들려준 예화는 이렇습니다.

옛날 옛적에 한 부부가 유복한 생활을 누리며 행복하게

살고 있었습니다. 그러던 어느 날 아내가 갑자기 사고를 당해 한쪽 눈을 잃게 되었습니다. 아내는 매우 슬퍼했습니다. 아내는 자신이 이제는 볼품없어졌다고, 추해져 버렸다고 생각했습니다. 남편이 아내에게 말합니다. "왜 그렇게 슬퍼하는 거요? 한쪽 눈을 잃었다고 그렇게까지 슬퍼할 필요는 없소." 아내가 대답합니다. "나는 지금 한쪽 눈을 잃었다고 슬퍼하는 게 아니에요. 내가 볼품없어져서, 당신이 나를 예전처럼 사랑하지 않을까 봐 그게 걱정되는 거예요." 남편이 대답합니다. "여보, 나는 당신을 변함없이 사랑하오."[14]

남편은 그렇게 말했지만, 아내는 늘 불안했습니다. 남편이 자신을 변함없이 사랑해 줄지 확신이 없었습니다. 그녀는 자신이 아직도 사랑받을 만한 자격이 있는지 남편에게 계속 물었습니다. 그런 아내를 안타까워한 남편은 결국 자신의 눈을 스스로 빼 버립니다. 마이스터 엑카르트가 전하는 이야기는 다음과 같이 이어집니다.

남편은 자신의 눈을 빼어 내고는 아내에게 가서 말했습

니다. 내가 당신을 변함없이 사랑한다는 걸, 당신이 믿게 하고 싶었소. 그래서 나는 당신과 같아진 거요. 이제 내 눈도 하나요!

엑카르트는 이어서 다음과 같이 말합니다.

우리 인간도 그렇습니다. 하느님이 스스로 '마치 한쪽 눈을 빼어 버리듯' 흠 많은 인간 본성을 취하시기 전까진, 하느님이 우리를 그렇게 극진히 사랑하신다는 걸 믿지 못했습니다.

하느님은 육화를 통해 이 세상의 가장 낮은 끝자리로 오셨습니다. 하느님은 이 끝자리에서 상처받아 일그러진 세상을 받아들이십니다. 우리가 살아가는 이 세상의 모든 추한 것까지 받아들이십니다. 하느님은 당신 사랑을 이 세상에 보여 주시려고, 또 세상이 겪는 상처를 치유하시려고, 세상의 모든 상처를 당신 몸으로 받아 내십니다. 이 과정을 헤겔이 말하는 세 단계의 지양止揚(Aufhebung)의 관점에서 설명할 수도 있겠습니다. 하느님께서 세상의 모든 상처를 사랑 안에서 받아들이시는 정正의 단계, 그리고 그것을 치유하면서 부정하시는 반反의 단계, 마지막으로 사랑의 표지가 된 그 상처들을 더 높은 단계로 고양하는 합合의 단계로 말이지요.

첫 장에서 우리가 묵상했던 성탄의 의미가 이제 더 깊은 의미를 갖게 됩니다. 우리 신앙인들은 우리가 살아가는 이 구체적인 세상 안에서 하느님의 숨겨진 영광을 찾도록 초대받았습니다. 단순한 초대가 아닙니다. 하느님의 영광을 발견하는 것은 우리 신앙인의 의무입니다. 세상의 아름다운 것이든 처참한 것이든, 위대한 것이든 비루한 것이든, 그 안에서 우리는 하느님의 영광을 발견해야 합니다. 그리고 이렇게 말할 수 있어야 합니다. "우리는 하느님의 영광을 보았습니다." 우리는 지금까지 하느님의 영광이 세상의 낮은 곳에도 숨겨져 있다고 말해왔습니다. 하지만 저는 분명히 말합니다. 이 낮은 곳이야말로 하느님의 영광이 드러나는 본래 자리입니다. 이 낮은 곳이야말로 하느님 사랑의 분명한 징표요, 하느님 사랑의 구체적인 모습입니다. 가장 낮은 끝자리로 오시는 하느님의 사랑은 세상의 가장 낮고, 가장 비천하고 보잘것없는 것을 품어 내십니다. 우리는 이제 말할 수 있습니다. 우리가 낮은 곳으로 떨어질 때, 우리가 아파하고, 상처받고, 세상의 모든 추한 것들에 진저리치고 있을 때, 이제 모든 것이 끝이라고 느낄 때, 바로 그때 하느님은 우리와 함께 계십니다. 우리가 더 이상 내려갈 곳이 없다고 느끼는 그 낮은 자리에 하느님께서 오셨습니다. 바로 그 자리에서 우리 인간들을 부둥켜안으십니다. 예, 우리는 이제 말할 수 있습니다. "우리는 하느님의 영광을 보았습니다. 이 세상 낮은 곳에 있는 하느님의 영광을 우리는 분명히 보았습니다."

나자렛
변화된 세상 – 변화된 일상

✦

나의 세계가 곧 하느님의 세계라면, 그리고 이 세계의 낮은 것들이 하느님의 사랑을 영광스럽게 드러내는 것이라면, 우리의 삶은 결정적으로 바뀌게 됩니다. 이 세상에 하느님과 관련 없는 것은 없습니다. 이 세상에 하느님을 발견하지 못할 곳은 없습니다. 우리는 이 세상 낮은 곳에 있는 것 안에서, 작고 비천한 것, 사람들이 무시하는 것 안에서 하느님의 영광스러운 현존을 발견해야 합니다. 예리코의 세리였던 자캐오에게 하신 예수님의 말씀이 새로운 의미를 얻습니다. 자캐오는 예수님을 보기 위해 나무 위로 올라가지요. 이때 예수님은 말씀하십니다. "자캐오, 얼른 내려오시오"(루카 19,5). 이 말씀은 이렇게 해석할 수 있습니다. '나를 보려거든 위로 올라가지 말고, 아래로 내려오시오.'[15]

낮아지고, 작아지라는 말씀은 구유에 계신 아기 예

수를 경배하러 온 목동과 동방박사들에게도 해당됩니다. '작은 아기의 모습으로 온 나를 보고, 또 경배하기 위해서는 너희도 작아져야 한다.' 예수님께서 "너희가 이 지극히 작은 내 형제들 가운데 하나에게 해 주었을 때마다 나에게 해 준 것이다"(마태 25,40)라고 말씀하실 때도 마찬가지입니다. 가난하고, 병들고, 굶주리고, 감옥에 갇힌 이들 안에 하느님이 현존하십니다. 하느님의 영광은 낮은 곳에 있는 작은 것 안에서, 사람들이 쉽게 무시하고 배척하는 것 안에서 육화(incarnatio)합니다. 바로 여기에 하느님의 영광이 구체적으로 현존합니다.

이 모든 가르침은 우리가 일상이라고 부르는 익숙하고도 기본적인 삶의 영역에도 해당합니다. 우리는 일상이라는 말에서 매일 반복되는 것들이 자아내는 지루함, 사람을 지치게 하는 똑같은 일, 어떻게든 견디고 짊어져야 하는 단조로운 삶을 생각합니다. 그런 일상을 우리 신앙인들은 어떻게 봐야 할까요?

　　루카복음은 예수님의 나자렛에서의 삶을 육화 사건의 본질적인 요소로 해석합니다. 루카복음은 예수님의 할례 이후에 일어난 일을 적고 있습니다. 예수님과 부모님은 나자렛으로 돌아옵니다. "아기는 자라면서 지혜로 가득 차서 튼튼해지고 하느님의 총애가 그에게 내렸"습니다(루카 2,40). 이어서 복음은 "예수님이 부모님에게 순종하며 지냈으며, … 예수님은 지혜와 키가 자랐고 하느님과 사람들의 총애도 더하여 갔다"라고 전하고 있습니다(루카 2,51 이하 참조).

우리는 지금까지 말한 것을 예수님의 삶 안에서 다시 고찰해 보려 합니다. 예수님이 태어나고 자란 나자렛은 다른 곳에서 따로 언급되지 않은 곳, 당시에는 별로 알려지지 않은 변방이었습니다. 나자렛이 속해 있던 갈릴래아 지방은 그리스 영향을 받은 동쪽의 데카폴리스나 서쪽의 지중해 도시들과 비교했을 때 발전이 덜 된 곳이었습니다. 심지어 '이방인들의 갈릴래아'라는 멸칭으로 불리기도 했지요(마태 4,15 참조). 이 특별할 것 없는 동네, 별 볼 일 없는 주변부에서 예수님은 자라나셨습니다. 성경이 전하듯 부모님께 순종하면서 말이지요(루카 2,51 참조). 예수님은 부모님께만 순종하신 게 아닙니다. 예수님은 부모님을 통해서 전해진 이 세상의 예법과 관습, 사람들이 행해야 하는 의무와 삶의 방식도 받아들이셨습니다. 예수님은 서로가 누군지를 다 아는 이 작은 동네의 온전한 일원이 되셨습니다(참조: 요한 6,42; 마태 13,55 이하). 예수님의 공생활 전 삼십 년의 세월에 관해서는, 예수님께서 다른 사람들처럼 눈에 띄지 않는 평범한 삶을 사셨다는 것 외에는 별로 할 말이 없습니다. 물론 예수님께서 열두 살 때 하셨던 예루살렘 순례 여행이 있긴 합니다. 또 몇몇 외경은 나자렛에서 보냈던 예수님의 어린 시절에서 어떤 특별한 것을 드러내려는 시도를 하기는 합니다. 하지만 그런 몇몇 이야기들을 제외하면 성경은 예수님의 어린 시절에 관한 '특별한 이야기'를 전해 주지 않습니다.

참으로 믿기 힘든 육화의 의미를 명확히 이해하기 위해, 육화의 의미를 다음과 같이 표현해 보겠습니다. 하느님의 아드님이 우리의 세상으로 오셨습니다. 세계 역사에 다시없을 대단한 사건입니다. 이 세상에 오신 하느님은 삼십 년간 나자렛에서 사셨습니다. 보잘것없는 시골 마을에서 평범하기 그지없는 삶을 사셨습니다. 예수님의 공생활은 삼 년간 이어집니다. 엄밀한 의미의 공생활은 고작 일 년이었다고 보는 성서학자들도 있지요. 하느님이 사람이 되시는 사건은 사실 나자렛에서, 그 평범한 삼십 년간의 시간에 이루어집니다.

　루카복음이 전하는 이런 평범한 삶을 우리는 일상이라고 부릅니다. 우리의 삶이 사람들의 삶의 방식과 관습에 맞춰질 때, 우리의 삶에서 매일 똑같은 일이 특별할 것도, 새로울 것도 없이 반복될 때, 우리가 우리의 삶에 이미 주어진 여건에 맞춰 단조로운 일을 지루하고 의미 없이 공허하게 견뎌야 할 때, 우리는 이러한 삶을 일상이라고 부릅니다.

　마르틴 하이데거는 이러한 일상을 인간존재의 '비본래적' 방식, 결여된 방식으로 보았습니다. 하이데거는 일상이 인간존재를 미리 주어진 것 안에 함몰시켜 인간을 노예화한다고 보았습니다. 일상은 사람을 답답하게 하고, 공허하고 지루하게 하며, 나아가 부조리의 감정을 느끼게 합니다. 일상은 사람을 역겨움에 진저리치게 합니다. 그래서 사람들은 일상에 맞서고, 일상에서 벗어나려 하지요. 일상 속에 함몰된 인간은 자기 삶의 주체가 될 수 없고, 자신의 삶을 스스로 통제할 수도 없습니다. 일상 속에 허우적대는 인간은 쳇바퀴처럼 돌아가는 일에 적응하기 바쁩니다. 결국 자신의 고유한 인격도 사라집니다. 대부분의 일상은 사람들이 매일 해내야 하는 의무, 세상 사람들이 행하는 관행과 관습, 사람들 사이의 익명적이고 상투적인 관계들로 이뤄지기 때문입니다. 하이데거는 우리에게 '현존재의 비본래성'을 극복하고, 온전한 자기 자신이 될 것을 요구합니다. 일상을 부정적으로 평가하는 이러한 태도는 지난 수십 년간 더 강해졌습니다.

오늘날 일상은 부정적인 의미로 쓰입니다. 사람들은 일상을 기껏해야 돈을 벌거나, 자기실현을 하기 위해 어쩔 수 없이 참아 내야 하는 팍팍한 시간 정도로 여깁니다. 삶의 진정한 의미는 일상을 벗어나서 발견할 수 있다는 환상을 현대인들은 갖고 있습니다. 사람들은 진정한 삶의 의미를 발견하려면 일상의 의무에서 벗어나야 한다고 말합니다. 삶에서 대단한 사건이 일어나야 한다고 믿습니다. 이미 고전이 된 게하르트 슐체의 책 제목이 괜히 『체험사회』가 아닙니다.[16] 슐체는 현대사회를 분석하면서, 개인의 특별한 경험이 삶의 의미와 삶의 충만성을 판단하는 기준이 되어 버렸다고 말합니다. 의미 있는 삶이 되기 위해서는 모든 영역에서, 그리고 모든 기회에 일상을 벗어난 특별한 경험을 좇아야 한다는 생각이 현대사회에는 만연해 있습니다.

    그러나 나자렛의 내밀한 신비는 우리에게 완전히 다른 것을 보여 주고 있습니다. 나자렛에서 드러나는 육화의 본질적인 요소는 바로 하느님의 아들(하느님의 그 높은 영광)이 삼십 년간 낮은 곳에서 보통 인간의 일상을 살아 내셨다는 것입니다. 필리피서의 찬가는 그리스도께서 하느님과 같음을 당연한 것으로 여기지 않으시고 당신 자신을 비우시고 낮추셨다(필리 2,6 이하 참조)고 노래합니다. 필리피서의 찬가는 지존하신 분께서 가장 비천한 십자가형으로 죽으신다는 것을 강조합니다. 저는 필리피서가 전하는 낮추심보다 나자렛에서 보내신 평범한 삼십 년이 그리스도의 낮추심을 더 선명히 드러낸다고 생각합니다. 필리피서의 찬가가 드러내는 자기 비움은 특별한 사건입니다. 우리의 경탄을 자아내는 놀라운 사건입니다. 반면 나자렛의 평범한 일상에는 어떠한 특별한 점도 없습니다. 극적인 자기 비움이나 경탄할 만한 자기 낮춤도 없습니다. 하느님이 그렇게 사람이 되셨습니다. 사람이 되신 하느님은 의미 없이 흘러가는 듯한 시간, 겉으로 보기에는 아무것도 일어나지 않는 듯한 삼십 년의 시간을 묵묵히 살아 내십니다. 하지만 성경은 나자렛에서 아무것도 일어나지 않은 것은 아니라고 말합니다. 성경은 예수께서 나자렛에서 성장해 가셨다고 전합니다. 나이를 더하고, 몸만 커 간 것이 아닙니다. 예수께서는 나자렛에서 지혜를 더하고, 하느님의 은총과 사랑 안에서 성숙해 가셨습니다(참조: 루카 2,40; 2,52).

우리는 우리의 일상, 이 낮은 곳에서 하느님의 영광이 드러난다는 것을 알아야 합니다. 우리는 이 일상 안에서 성숙해 가며, 제2차 바티칸 공의회의 「사목 헌장」(38항)이 분명히 말하듯이 현세의 일로써 '하느님 나라의 바탕을 마련'하게 됩니다. 일상은 사람들이 흔히 생각하듯 갑갑한 감옥도 아니고, 공허한 시간도 아닙니다. 의미 없는 일들의 반복도 아닙니다. 일상은 하느님께서 질서 지으신 시간입니다. 사람들이 일상을 하느님께서 주신 시간으로 받아들인다면, 일상이라는 시간은 우리에게 매우 중요한 의미로 다가옵니다. 우리는 일상 안에서 사랑으로 성장할 것이고, 하느님 나라에 더 가까이 나아가게 될 것입니다. 언뜻 보기에 일상은 아무것도 일어나지 않는 공허한 시간 같습니다. 아무리 몸부림쳐도 벗어날 수 없는 갑갑한 감옥 같습니다. 하지만 감옥처럼 닫혀 있다고 생각하는 일상의 문은 사실 우리 삶의 다른 차원, 더 높은 차원을 향해 열려 있습니다. 다시 한번 말씀드립니다. "낮은 곳, 여러분의 일상에서 하느님의 영광을 발견하십시오."

놀라운 표징

✦

하느님이 사람이 되신 성탄이 일상과 얼마나 밀접히 관련되어 있는지는 루카복음 2장의 이야기만 봐도 알 수 있습니다. 천사가 목동들에게 성탄의 기쁜 소식을 전할 때, 천사는 하느님께서 베푸신 이 위대한 일에 관한 표징을 함께 전해 줍니다.

> 여러분은 한 갓난아기가 포대기에 싸여 구유에 누워 있는 것을 보게 될 터이니 이것이 곧 여러분을 위한 표징입니다(루카 2,12).

갓난아기가 표징이라고요? 포대기, 마구간에 있는 구유가요? 이 보잘것없는 것들이 표징입니까? 하나도 특별할 것 없는 것들이요? 이 모든 것은 그저 일상에 속한 것들 아닙니까? 네, 그렇습니다. 천사가 목동들에게 하려는 말은 결국 이것입니다. '너희의 일상으로 돌아가라! 일상에서 주님을 찾아라. 하느님의 영광은 너희의 작고 낮은 삶에 숨어 있다.' 하느님의 영광은 숨겨져 있지만, 아주 분명히 현존하십니다. 우리는 믿음 안에서 하느님의 영광을 발견하고, 그 영광에 맞갖은 삶을 살아야 합니다. 하느님은 육화를 통해 우리의 세계를 당신의 세계로 받아들이셨습니다. 이로써 하느님의 세계는 우리의 세계가 되었습니다.

육화를 통해 우리의 세계가 하느님의 세계가 되었다는 이 통찰은 우리의 삶과 성탄의 의미를 본질적으로 바꿔 놓았습니다. 성탄은 세상을 바라보는 우리의 시선도 바꿔 놓았습니다. 하느님이 사람이 되시어 이 세상에 오셨음을 믿는 이에게는 세상이 그저 그런 세상일 수 없습니다. 그에게는 새로운 세상이 열리고, 새로운 삶이 시작됩니다. 성탄의 빛은 이 세상에 새로운 빛이 됩니다. 이 세상 안에 하느님의 영광이 스며듭니다. 하느님은 당신의 생명과 사랑 안으로 세상을 끌어안으십니다. 어떤 것도 우리를 하느님의 사랑에서 떼어 놓을 수 없습니다(로마 8,35 참조).

이처럼 성탄은 우리에게 세상을 새롭게 보도록 합니다. 하지만 이뿐만이 아닙니다. 우리에게는 아직 성탄에 관한 더 중요한 성찰이 남아 있습니다. 그것은 바로 성탄이 우리 안에서 늘 새로이 일어나야 한다는 것입니다. 이것이 바로 우리가 마지막 장에서 살펴보고자 하는 내용입니다.

IV

"내 안에서도 태어나소서"
(게르하르트 테르슈테겐)

우리 마음 안에 태어나시는 하느님

✦

신앙으로 삶의 여정을 채워 나가는 신앙인들의 궁극적인 목표는 하느님이 이루어 주시는 영원하고 복된 완성입니다. 신앙인들의 삶의 여정을 어떻게 표현할 수 있을까요? 사도 바오로는 다음과 같이 간명하게 표현합니다. "그리스도께서 여러분 안에 모습을 갖추"시는 것이라고요(갈라 4,19 참조). 그리스도께서 우리 안에서 모습을 갖추시게 하는 것은 각자의 과제이기도 하지만 공동의 과제이기도 합니다. 우리는 모두 그리스도를 충만한 모습으로 드러내도록 부르심을 받았습니다(에페 4,13 참조).[17] 바오로는 신앙 공동체가 그러한 부르심에 응답하기 위해, 마치 아이를 낳는 어머니처럼 "새로이 산고를 겪을" 각오까지 한다고 말합니다. 자신의 삶에 새로운 모습, 즉 그리스도의 모습을 받아들인다는 것은 마치 새로 태어나는 것과 같습니다. 지금까지의 우리의 삶은 완전히 바뀌어야 합니다. 마침내 우리가 "나는 살아 있지만 이미 내가 아니라 그리스도께서 내 안에 살고 계십니다"라고 말할 수 있을 때까지요(갈라 2,20). 성자께서는 내 안에서 새로운 모습을 취하시려 합니다. 성자께서는 내 안에서 육화되시려 합니다. 내 안에서 새로 태어나시려 합니다. 그분은 나를 통해 새로이 세상으로 오시려는 것입니다. 이를 위해 나는 내 삶에서 주님의 모습을 분명히 드러내야 합니다. 이를 위해 나는 내 삶 안에서 주님이 활동하시게 해야 합니다. 샤를 드 푸코의 영성을 따랐던 알베르 페리게르(1883~1959)는 다음과 같이 말합니다.

"더 이상 우리는 없습니다. 이제는 그리스도께서 우리 안에서, 우리를 통해 사십니다. 그리스도께 다시 한번 사람으로 사실 수 있도록 하는 것은 얼마나 좋은 일입니까? 그리스도께서 우리를 통해 다시 한번 육화하시고, 다시 한번 구원을 이루시는 것은 얼마나 좋은 일입니까?" 그는 그리스도께 기도합니다. "이제는 우리가 사는 것이 아닙니다. 당신의 육화를 우리 안에서 이루소서. 당신의 전 생애를 우리 안에서 펼쳐 내소서."[18]

제2차 바티칸 공의회도 주님께서 '육화를 통해서 모든 사람과 하나가 되셨'음을 분명히 합니다(「사목 헌장」 22항 참조). 이는 주님께서 우리들 하나하나 안에서 당신의 새로운 모습을 찾으시기 위해서지요. 이처럼 하느님의 육화는 당신을 믿는 사람들 안에서, 그리고 당신을 믿는 사람들을 통해서 계속됩니다. 개별적인 육화만 있는 것이 아닙니다. 모두 안에서 일어나는 육화도 있습니다. 모두 안에서 일어나는 육화에서 우리의 일치가 드러납니다. 바로 여기에서 아우구스티누스가 말하듯, 하나의 '온전한 그리스도'(Christus totus)가 드러납니다. 하느님께서는 우리에게 말씀하십니다. "너희들도 나의 아들이요, 나의 딸이다. 너희들도 나의 아들과 함께 있는 나의 자녀들이다." 마이스터 엑카르트의 말을 인용할 수도 있겠습니다. "성부께서는 영원 속에서 당신의 아들을 낳으신 방법 그대로, 우리 각자의 영혼 안에 당신 아들을 낳으십니다."[19]

우리는 하느님의 아들이 이천 년 전 과거에 성모 마리아에게서 태어나 사람이 되셨다고 고백합니다. 하지만 그것으로 그쳐서는 안 됩니다. 하느님의 아들이 마리아에게서 태어나신 사건은 한 번 일어나고 끝나는 사건이 아닙니다. 우리가 성탄을 아득히 먼 옛날 한 번 일어나고 끝난 사건으로 여긴다면, 성탄은 시간이 갈수록 우리가 사는 세상과는 점점 멀어져 기억에서 사라지고 말 것입니다. 성탄은 계속되어야 합니다. 성령은 하느님의 탄생이 신앙인들 안에서 늘 새로이 일어나도록 이끄십니다. 신앙인들은 자신의 마음을 그리스도를 향해 열어 그리스도를 받아들입니다. 그리고 그리스도께서는 이런 신앙인들 안에서 다시 태어나십니다. 다시 태어나시어, 이 세상으로 오십니다. 성탄은 계속됩니다.

'하느님이 우리 하나하나의 마음속에 태어나신다'는 확신은 그리스도교 신앙의 역사 안에서 끊이지 않고 이어져 왔습니다. 요즘에는 사람들이 좀 덜 이야기하는 것 같긴 하지만요. 이 확신은 이미 오리게네스의 저작에서, 또 『디오그네투스에게 보낸 편지』에서도 발견됩니다.

처음부터 계셨던 하느님의 말씀, 늘 계셨지만 새로이 나타나신 그분께서는 성인들의 마음속에 늘 새롭게 태어나십니다.[20]

교부 시대 말엽에 활동한 고백자 막시무스(580~662)는 우리가 지금까지 언급한 것을 다음과 같이 요약합니다.

> 하느님의 말씀은 언제나, 그리고 모든 것 안에서 육화의 신비를 드러냅니다.[21]

독일 신비주의에서 광범위한 영향을 받은 안겔루스 질레지우스(독일어 이름: 요한네스 셰플러, 1624~1677)도 같은 말을 합니다.

> 그리스도께서 베들레헴에서 천 번을 태어나셔도, 정작 당신 안에서 태어나지 않는다면, 당신은 영원히 길을 잃고 헤맬 뿐입니다.

질레지우스의 말은 이어집니다.

> 얼마나 기쁜 일입니까? 하느님이 인간으로 태어나셨습니다. 어디에 태어나셨습니까? 바로 내 안에 태어나셨습니다. 하느님은 나를 어머니로 만드셨습니다.

그는 이어서 말합니다.

> 나는 마리아가 되어 하느님을 낳아야 합니다. 내가 영원한 행복에 합당한 자가 되기 위해서는 말입니다.[22]

많은 사람이 놀라겠지만, 마르틴 루터도 비슷한 말을 합니다.

> 우리는 동정녀 마리아의 모범을 우리 마음에 받아들여야 합니다. … 마리아의 마음에 일어난 것이, 그대로 우리 마음에도 일어나야 합니다. 성령으로 잉태하고, 그리스도를 영적으로 받아들여야 합니다.[23]

"우리는 마리아가 되어야 합니다"
(안겔루스 질레지우스)

✦

앞서 소개한 질레지우스와 루터의 글을 읽어 보면, 각자의 마음속에서 하느님을 낳는 일이 마리아와 연결됨을 알 수 있습니다. 당연한 일입니다. 우리는 마리아가 탁월한 방식으로 하느님의 말씀을 받아들이고, 하느님의 아들을 낳으셨음을 믿어 고백합니다. 마리아는 개별적인 한 개인이 아닙니다. (오직 개별적이기만 한 개인이 있을 수도 없지요.) 마리아는 교회의 원형이자 참으로 교회의 상징입니다. 마리아는 교회의 한 예시 정도에 그치지 않습니다.

마리아는 문화학에서 말하는 '공동체적 인격'으로 이해해야 합니다. 공동체적인 인격이란 고대 근동의 방식으로 모든 민족과 도시, 모든 가족과 집단이 특정한 한 인물로 형상화되는 것을 의미하지 않습니다. 공동체적 인격이란 한 집단의 구성원 전체가 그 공동체를 대표하는 이를 통해 마치 하나의 존재인 것처럼 행동할 수 있다는 것을 뜻합니다.[24] 그 공동체에는, 실제 공동체를 이루는 살아 있는 구성원은 물론 세상을 떠난 구성원, 그리고 아직 태어나지 않은 구성원도 포함됩니다. 사회적 집단의 실재성은 하나의 구체적인 인물 안에서 드러납니다. 이 구체적인 인물이 공동체를 대표하고 공동체의 목표를 실현하며, 자신이 속한 공동체가 어떤 공동체인지를 드러냅니다. 공동체가 한 구체적인 인물 안에 구체적으로 체현되는 방식은 문화사에서도 발견됩니다. 하지만 성경이 말하는 방식은 이보다 훨씬 심오합니다. 성경을 살펴봅시다. 야훼 하느님께서는 한편으로는 전체로서의 이스라엘 백성을 부르십니다. 하지만 부름을 받은 그 백성은 백성을 대표하는 이를 통해 행동하고, 그 백성을 대표하는 이를 통해 하느님 앞에 서게 됩니다. (아브라함과 모세, 이사야서가 전하는 '야훼의 종'을 생각해 보십시오.) 백성을 대표하는 이들은 나머지 사람들을 배제하지도 않고 공동체성을 해치지도 않습니다. 그들은 공동체를 대표하는 행위를 통해서 공동체의 모든 이를 위한 공간을 마련합니다. 공동체의 모든 구성원이 하느님과 다른 백성들 앞에 설 수 있는 공간 말이지요. 왜 성경이 특정 인물을 어느 때는 개별적인 인물로 기술하다가, 어느 때는 공동체적이고 보편적인 방식으로 기술하는지, 이제 우리는 이해할 수 있습니다.

　이러한 성경의 기술은 시적인 허구이거나 불확실한 우화가 결코 아닙니다. 실재적인 사실을 가리키고 있습니다. 성경에 등장하는 구체적인 인물들, 즉 한 인물 안에 구체화한 공동체적 인격은 백성들 전체의 신앙 체험을 드러냅니다. 그들의 과업은 백성 전체의 과업을 드러내고, 그들의 지향은 백성 전체의 지향을 드러냅니다. 그들의 희망은 백성 전체의 희망입니다. 공동체적 인격을 품은 구체적인 인물 안에서 전체 백성의 고유한 측면이 드러납니다. 그들 안에서 전체 백성의 본질적인 측면이 드러납니다. 특정 인물 안에 표현되는 공동체적 인격을 말했지만, 그 인물들 역시 하나의 구체적이고 개별적인 존재들이라는 것을 잊어서는 안 됩니다. 이 개별성은 절대로 사라지지 않습니다. 공동체적인 인격은 개별성과 공동체성을 중재합니다. 개별성과 공동체성, 이 두 가지가 다 중요합니다. 우리 마음 안에 태어나시는 하느님의 신비를 묵상할 때도 이 두 가지가 중요합니다.

    우리가 마주한 결정적인 물음은 이것입니다. '하느님이 우리 마음에 태어나시는 것과 하느님이 마리아에게서 태어나시는 것은 어떤 차이가 있습니까?' 앞서 소개한 루터의 말처럼 "우리는 성령으로 잉태하고, 그리스도를 영적으로 받아들여야 합니다". 루터는 영적이라는 말을 아우구스티누스에게서 받아들입니다. 우리와 마리아 사이에는 유사점도 많지만, 차이점도 분명 있습니다. 이 '영적'이라는 말이 우리와 마리아 사이의 결정적인 차이를 드러냅니다. 마리아는 실제로 육적인 어머니입니다. 우리가 성탄 때 기념하는 하느님의 탄생, 하느님께서 인간이 되시는 결정적인 사건은 마리아의 '몸'을 통해 이뤄집니다. 아무것과도 비견될 수 없는 탄생입니다. 마리아가 하느님의 아들을 낳으셨다는 것은 일반적인 비유가 아닙니다. 마리아는 실제로 당신 몸으로 하느님의 아들을 낳으셨습니다. 이로써 하느님은 이 세상의 일부가 되셨고, 죄에 물들어 당신에게서 멀어진 세상을 다시 품으실 수 있게 되었습니다. 하느님은 모든 피조물이 그리스도 안에서 하나 되어 삼위일체의 생명 안에서 완성되기를 바라셨습니다. 이것이 바로 하느님께서 창조 때부터 마련하신 계획이었습니다. 「아카티스토스 성모 찬미가」 *Hymnos Akathistos*는 마리아를 '담을 수 없는 하느님을 담아낸 그릇'(θεοῦ ἀχωρήτου χώρα)이라고 표현합니다. 성모 마리아는 공간을 초월해 계신 무한한 하느님이 태어나시는 구체적인 자리가 되셨습니다.

성모 마리아만이 지닌 탁월함을 강조하느라, 우리와 마리아 사이에 존재하는 공통점을 간과해서는 안 됩니다. 후고 라너(1900~1968)가 말하듯이, 마리아의 공동체적 인격 안에서 교회의 본질이 실현되고 또 밝히 드러납니다. 요제프 라칭거(베네딕도 16세)도 다음과 같이 말합니다.

> 우리는 마리아의 구체적인 인격 안에서 교회를 봅니다. 하느님은 세상에 추상적으로 역사하시지 않습니다. 하느님은 인격적인 존재이고, 교회도 인격적인 존재입니다. 인격은 하느님이 역사하시는 바탕입니다. 우리가 그러한 의미의 구체적 인격이 되어 갈수록 우리는 점점 더 교회다운 교회를 이뤄 갈 것입니다. 우리는 하나가 될 것입니다.[25]

마리아는 인격화된 교회입니다. 마리아는 우리들이 이룬 교회가 본질상 어떠해야 하는지를 가장 확실하고 분명하게 보여 줍니다. 인격화된 교회로서 마리아는 그리스도를 잉태하시고, 그리스도를 낳으십니다. 그리스도를 잉태하고 세상에 태어나게 하는 일은 마리아만의 일은 아닙니다. 우리도 성령의 도움으로 그 일을 합니다. 물론 유비적인 의미에서 그렇습니다. 우리가 진정한 교회이고자 한다면, 우리도 그리스도를 품고, 그리스도를 낳아야 합니다.[26]

그리스도교 영성사를 통틀어 마리아만큼 우리에게 영성생활의 중요한 방향 설정을 해 주고, 영성생활의 모범이 되는 분을 찾아볼 수 없습니다. 마리아는 특히 그리스도교의 신비주의가 지향해야 할 방향도 가리켜 줍니다. 사람들은 '신비주의'라고 하면 보통은 뭔가 막연하고 허황한 것, 소수의 엘리트만 접근할 수 있는 비밀스러운 것, 감정의 과잉 등을 떠올립니다. 하지만 그런 것들은 그리스도교 신비주의의 본령이 아닙니다. 그리스도교 신비주의는 단순하고 소박합니다. 마리아의 삶처럼 말입니다. 마리아는 믿음 안에서 성자를 잉태하시고, 마음으로도 품으셨으며, 당신 삶에서 하느님이 새로운 모습을 지니도록 하셨습니다. 이로써 세상은 성자께서 하느님 아버지를 얼마나 신뢰하시는지 알게 되었습니다. 하느님이 세상과 어떻게 화해하려 하시는지, 하느님이 우리에게 어떤 희망을 주시려는지를 알게 되었습니다. 무엇보다 사람들을 통해 전해 주시는 그분의 그 크신 사랑을, 우리도 알게 되었습니다.

우리 안의 그리스도

✦

마리아와 교회 사이의 이러한 '공명'을 러시아 정교회의 한 이콘이 잘 표현하고 있습니다. 바로 「표징의 성모」[27]라는 이콘입니다. 성모님은 그리스도를 품고 계십니다. 그리스도의 몸은 아이처럼 작게 그려졌지만, 그리스도의 얼굴은 이미 다 성장한 어른의 얼굴로 표현됩니다. 이는 이사야서가 말한 표징을 드러냅니다. "주님께서 몸소 여러분에게 표징을 주실 것입니다. 보십시오, 젊은 여인이 잉태하여 아들을 낳고 그 이름을 임마누엘이라 할 것입니다"(이사 7,14). 「표징의 성모」라는 그림의 제목도 여기서 나옵니다.

「표징의 성모」 또는 「지극히 거룩하신 성모」(기도하시는 성모)
12세기, 목판에 템페라, 모스크바 스파스키 수도원

이 이콘, 혹은 이 이콘이 그려진 깃발은 전장에서도 앞세워졌습니다. 콘스탄티노플과 노브고로트에 포위된 부대가 가까스로 살아난 일이 있는데, 살아난 사람들은 이 이콘이 기적을 일으켜 살아났다고 믿었습니다. 이 그림은 성모님의 기도하시는 모습을 보여 줍니다. 우리는 그림에서 성모님이 팔을 어깨높이로 올리시는 것을 볼 수 있는데, 이는 하느님을 향해 팔을 올리는 전통적인 기도 자세입니다. 교회를 대표하는 기도는 물론, 개인의 기도 때도 취했던 이 자세는 3세기 중엽에 그려진 카타콤바의 벽화에서도 발견될 정도로 그 역사가 깊습니다. 그리스도인들은 이 기도하는 자세를 통해 하느님을 향한 믿음을 몸으로 드러냅니다. 「표징의 성모」 그림이 표현하는 성모님은 홀로 고립되어 기도하시지 않습니다. 성모님은 교회를 대표해서, 그리고 우리 모두를 대신하여 기도하고 계십니다. 이로써 성모님은 신앙의 가장 중요한 본질이 무엇인지 드러내십니다. 우리는 하느님을 바라며 하느님의 아들을 우리 안에 모십니다. 우리는 그분을 우리의 마음 안에 품고, 우리 안에 태어나시게 합니다. 우리는 하느님의 아들이 세상에 나오도록 돕습니다. 그리스도를 품고 계신 '표징의 성모'는 우리 그리스도인의 모범입니다. 그리스도인은 바오로 사도의 말씀처럼 "이제는 내가 사는 것이 아니라, 그리스도께서 내 안에 사신다"라고 말할 수 있어야 합니다(갈라 2,20 참조).

지난 수십 년간 포콜라레 운동을 이끌어 왔던 포콜라레의 창시자 키아라 루빅(1920~2008)은 '예수님을 품고 사는 삶'을 특별히 강조했습니다.

> 하느님께 순종하는 신앙인의 마음 안에는 마리아에게서 일어났던 일과 비슷한 일이 일어납니다. … 그리스도께서 그 신앙인의 마음 안에서 자라나십니다. 그리스도께서는 그 사람의 마음 안에 신비롭고도 분명한 방식으로 드러나십니다. … 우리가 받아들인 하느님의 말씀은 바람이 불면 흩어져 버리는 그런 말씀이 아닙니다. 우리는 말씀을 통해 그리스도의 현존을 받아들였습니다. 주님께서 직접 뿌리신 씨앗을 받아들였습니다. 우리 안에 뿌려진 말씀이 점점 자라나면서, 그리스도도 함께 자라납니다. 그리스도께서 우리의 마음을 완전히 채우시면, 우리는 마침내 그분과 같아지게 됩니다. 우리는 또 하나의

그리스도가 됩니다. 이런 의미에서, 우리는 우리 안의 그리스도를 키우는 어머니라고 할 수 있습니다.[28]

저는 이 말도 덧붙이고 싶습니다. 우리는 그리스도를 키우는 어머니입니다. 하지만 우리는 우리 안의 그리스도만 키우는 어머니가 아닙니다. 이웃 안에서도 그리스도가 자라나도록 돕는 어머니입니다. 서로가 서로에게 그런 어머니가 되어 주어야 합니다. 우리는 사람이 되어 오시는 하느님께 우리의 마음을 열고, 그분을 우리의 마음에 품어야 합니다. 그리하여 그리스도께서 이 세상에 태어나시도록 해야 합니다. 그리스도께서 우리의 삶 안에 드러나시도록, 그리스도께서 이 세상과 함께하시도록 우리 모두가 도와야 합니다. 서로가 서로를 도와야 합니다. 성탄 때만이라도 우리가 만나는 이웃의 허물과 잘못은 좀 덮어 두고, 이렇게 물어보는 것은 어떨까요? '저 사람 안에서는 예수님의 어떤 모습이 드러나는가?' 사람마다 사는 방식이 다르지요. 사는 방식에 따라, 어떤 이는 자신의 삶에서 예수님의 용서를 드러내고, 어떤 이는 예수님이 지니셨던 연민을 드러냅니다. 어떤 이는 예수님의 굳

건하심을, 어떤 이는 예수님의 강건함을 드러내기도 하지요. 스스로에게도 물어보십시오. 여러분은 이웃들에게 과연 예수님의 어떤 면을 보여 주고 있습니까? 여러분도 예수님의 한 부분을 사람들에게 보여 주고 있습니다. 예수님의 한 부분이 여러분 안에서 구체화되어, 세상 안에 분명히 드러납니다. 예수님은 여러분 안에서 늘 새로이 태어나고, 여러분 안에서 구체적인 모습을 갖추십니다.

성탄은 언제 완성됩니까? 성탄은 예수 그리스도께서 모든 이들 안에서 살아 계실 때, 예수께서 모든 이들 안에서 육을 취하시고, 모든 이들 안에서 당신의 형상을 갖추실 때, 그때야 비로소 성탄은 완성됩니다. 다시 한번 강조합니다. 하느님이 사람이 되신 성탄은 과거에 한 번 일어나고 끝나 버린 종결된 사건이 아닙니다. 성탄은 세상 끝 날까지 계속되는 과정입니다. 우리는 바로 오늘 여기에서 이 과정에 참여해야 합니다.

생각하면 할수록 놀라운 일입니다. 그리스도께서 내 안에 계시고, 내가 그리스도를 이 세상에 태어나실 수 있도록 도울 수 있다는 사실이요. 정말 놀라운 일입니다. 하느님을 이 세상에 태어나게 하는 일을 내가 내 삶 안에서 이루어 낸다는 것이요. 그리스도께서 비천한 내 안에서 당신의 모습을 갖추시고, 세상에 당신을 드러내려 하신다는 것은 정말 놀라운 일입니다. '우리의 영혼에 태어나시는 하느님'이라는 말을 마치 하느님의 탄생이 마음의 내밀한 부분에서만 비밀스럽게 이뤄지는 것처럼 편협하게 해석해서는 안 됩니다. 그렇지 않습니다. 하느님의 탄생은 모든 곳에서 이뤄집니다. 이 세상 모든 곳, 높고 낮은 모든 곳에서, 바라던 선물도 있고 힘든 과업도 있는 곳, 기쁨과 고통이 함께 존재하는 구체적인 세상 안에서 하느님은 태어나십니다.

바로 지금 태어나시는 하느님

✦

앞서 말씀드렸듯이, 하느님이 모든 신앙인 안에서 지금도 태어나신다는 믿음은 지난 세대부터 점점 희박해졌습니다. 2013년판 성가집에 실린 노래 중에 개신교 신비가이자 설교가였던 게르하르트 테르슈테겐(1697~1769)의 글에 곡을 붙인 노래가 있습니다. 이런 가사입니다.

> 사랑스러운 임마누엘, 내 안에 태어나소서.
> 내 안에 거하시고, 당신과 하나 되게 하소서.
> 나를 사랑으로 부르시는 이여(성가집 251,7).

하느님께서 우리 안에서 늘 새로이 태어나셔야 한다는 생각을 이런 가사들이 일깨워 주길 바랍니다. 성탄을 흘러간 과거의 일로만 보지 않고, 지금도 진행되는 사건으로 이해하는 것이 그 무엇보다 중요합니다. 사고실험을 해 보죠. 세상이 앞으로 만 년, 십만 년, 아니 백만 년, 천만 년 계속된다고 생각해 봅시다. 천만 년 후에 사람들은 성탄을 어떻게 생각할까요? 성탄이 까마득한 옛날에 한 번 일어나고 끝난 사건이라면, 성탄의 의미는 안개에 싸이듯 희미해져 갈 것입니다. 결국 성탄은 비현실적인 어떤 것이 되고 말겠지요. 이렇게 되지 않도록, 우리는 성탄이 종결된 과거의 구원 사건이 아니라, 바로 오늘 그리고 앞으로도 계속 일어나야 하는 사건임을 분명히 깨달아야 합니다. 성탄은 아직 종결되지 않았습니다. 성탄은 끝나 버린 일이 아닙니다. 이미 끝나 버려 기억 속에서나 떠올려 보는 과거의 일이 아닙니다. 성탄은 계속되어야 합니다. 우리는 하느님의 구원 행위가 역사 안에서 실제로 이루어졌음을 믿습니다. 하지만 우리는 하느님의 구원 행위가 이루어졌던 예전의 과거만 뒤돌아봐서는 안 됩니다. 우리는 앞을 봐야 합니다. 우리 안에서, 그리고 우리를 통해서 하느님의 구원 행위가 앞으로도 계속 이뤄지도록 힘써야 합니다.

그러기 위해서 우리는 우선 무엇을 해야 합니까? 우리는 성탄이 우리에게 세상에 관한 새로운 이해를 준다는 것을 깨달아야 합니다. 성탄으로 우리는 세상을 새롭게 이해하게 되었습니다. 사람들을 새롭게 이해하게 되었습니다. 하느님이 사람이 되시어 이 세상에 오심으로, 이 세상은 하느님의 세상이 되었습니다. 우리가 사는 이 세상 안에 하느님의 영광이 숨어 있고, 우리의 세상은 하느님의 사랑과 생명 안에 놓여 있게 되었습니다. 성자의 탄생은 우리 안에서 지금도 계속됩니다. 성자는 우리를 거처로 삼으시고(요한 14,23 참조), 우리 안에 사십니다. 그리고 성자는 우리 안에서 늘 새로이 태어나심으로써 당신 모습을 세상에 드러내십니다.

다음으로 우리에게는 새로운 실천이 필요합니다. 하느님이 사람이 되시어 낮은 곳으로 오셨습니다. 하느님이 우리를 절망에서 구하시고, 우리에게 연민 어린 사랑을 보여 주시려 이 낮은 곳으로 내려오셨습니다. 이제 우리는 무엇을 해야 할까요? 하느님이 우리에게 보여 주신 모범은 이것입니다. "아래로 내려오십시오!"

사람들에게는 남보다 높아지려는 욕망이 있습니다. 모두에게는 인정 욕구가 있지요. 돈을 많이 벌고 사회적 존경을 얻으며, 건강하고 행복하게 살고 싶은 마음은 인간의 자연스러운 마음입니다. 정당한 욕구입니다. 그런 욕구 자체가 잘못되었다는 것이 아닙니다. 문제는 위로 올라가려는 욕망이 너무 과해서, 남을 전혀 배려하지 않는 경우가 많다는 것이지요. 사람들은 성공에 눈이 멀어, 남을 짓밟아서라도 남보다 높은 곳에 서려 합니다. 위로만 올라가려는 사람들의 과도한 경쟁은 결국 사회적 차별과 양극화를 낳습니다. 부자와 가난한 이, 권력자와 피지배자, 승자와 패자 사이의 긴장과 갈등을 우리는 너무도 잘 알고 있습니다. '더 높이, 더 많이, 더 빨리'라는 구호는 오늘날 우리의 삶을 한 방향으로만 계속 몰아세웠습니다. 이 비인간적인 삶의 질주는 '더 높이, 더 빨리'라는 구호가 전혀 어울리지 않는 곳까지 울려 퍼집니다. 하지만 성탄은 우리에게 전혀 다른 메시지를 줍니다. 우리에게 다른 목표를 주고, 다르게 행동하라고 가르칩니다. 애틋한 연민의 마음으로 낮은 곳에 있는 사람들을 바라보는 것으로는 충분하지 않습니다. 우리는 필요하다면 직접 낮은 곳으로 내려가야 합니다. 우리가 직접 낮은 곳으로 내려간다는 말은 무슨 뜻일까요? 낮은 곳으로 내려가기 위해 구체적으로 우리는 무엇을 해야 할까요?

첫째, 우리는 작고 가난하고 고통받는 사람들을 연민의 눈으로 바라보고, 그들과 함께해야 합니다. 자크 랑시에르가 말하듯 소외되고 인정받을 권리마저 박탈당한 이들, 즉 '제일 낮은 끝자리'에 앉은 사람들과 함께해야 합니다.

둘째, 우리는 긴장과 갈등이 가득한 이 세상 안에서 화해와 평화를 이루어 가야 합니다.

셋째, 우리는 우리를 점점 더 조급하고 불안하게 만드는 세상에서 마음의 평온을 찾을 수 있어야 합니다. 내적 균형과 평화 안에서, 깊은 성찰을 통해 마음을 모을 수 있어야 합니다.

바오로 사도는 에페소인들에게 보낸 편지에서 "하느님을 본받는 사람들이 되시오!"(에페 5,1)라고 말합니다. 이는 모든 그리스도인에게 해당하는 준칙입니다. 우리가 닮아야 할 하느님이 직접 사람이 되셔서, 우리 인간과 공동체적인 일치를 만들어 내셨습니다. 이보다 더 깊고 강한 일치가 어디 있겠습니까! 이 일치 안에서 모든 그리스도인은 '공동체 안에서 일치를 이루며, 평화로운 친교를 나누라'는 하느님의 명령을 기꺼이 따르게 됩니다.

하느님이 사람이 되어 오시는 뜻을 우리가 따를 때, 그때야 비로소 이 세상의 밤이 거룩한 밤이 될 것입니다. 이 거룩한 밤에, 참생명을 향한 희망의 빛이 서서히 번져 올 것입니다.

주

1 Ignatius v. Loyola, *Geistliche Übungen*, (독일어판) Freiburg i. Br. ³1966, Nr. 106, S.48(저자가 직접 번역).

2 F. v. Baader, *Fermenta cognitionis*, WW II. Leipzig 1851, 277.

3 G. Greshake, *Der dreieine Gott*, Freiburg i. Br. ⁵2007, 210f.

4 이 이콘은 프랑스 퀴리에르/생 로랑 쉬르 퐁에 있는 베들레헴의 작은 자매회에서 제작되었다. 지금은 브뤼셀 인근 신트 제네지우스 로데 지역의 개인 소장품으로 보관되어 있다.

5 H. U. v. Balthasar, "Gott von Gott, Licht vom Licht …", in: *IkaZ 6* (1977) 3.

6 예전에는 하느님의 관여가 성자 예수 그리스도께서 세상이 지은 죄를 대신 갚는다는 '대속'의 의미로만 쓰이는 경우가 많았다. 이에 관해서는 다음의 책을 참고하라. G. Greshake, *Erlöst in einer unerlösten Welt?*, Mainz 1987, 90f.

7 H. U. v. Balthasar, *Weizenkorn*, Einsiedeln 1953, 41.

8 L. Boff, *Der dreieinige Gott*, (독일어판) Düsseldorf 1987, 111.

9 W. Jens, *Am Anfang der Stall, am Ende der Galgen*, Stuttgart 1972.

10 S. Köder, Das Mahl mit den Sündern, in: G. Widmann (Hrsg.), *Das Mahl mit den Sündern von Sieger Köder*, Ostfildern 2001, 11-41, 이 내용은 40쪽 참조.

11 Ch. de Foucauld, *Ecrits spirituels*, Paris 1933, 55 참조; *Œuvres Spiri-*

tuelles. Anthropolgie, Paris 1958, 26.

12 E. Przywara, *Was ist Gott? Summula*, Nürnberg 1947, 45.

13 S. Kierkegaard, *Philosophische Brocken* = Ges.WW (Hirsch/Gerdes) 10, TB Gütersloh ²1985, 24-31. 문맥에 맞게 번역을 일부 수정하였음.

14 Meister Eckhart, Predigt 22, in: *Predigten*, WW I (N. Largier), Frankfurt 1993, 254-265, 이 이야기는 256쪽 이하.

15 K.-H. Menke, *"... und ist Mensch geworden"*, Regensburg 2005, 67.

16 G. Schulze, *Die Erlebnisgesellschaft*, Frankfurt 1992.

17 원래 독일어 공동번역 성경은 그리스도의 충만함을 '드러낸다'라고 되어 있지만, 개정판은 "우리 모두가 하느님의 아드님에 대한 믿음과 지식에서 일치를 이루어 … 그리스도의 충만함에 합당한 경지에 이르게 된다"라고 표현한다. '드러낸다'가 '합당하다'로 대체되었다. '합당하다'라는 동사가 원문에는 충실할 수 있지만, '그리스도의 충만함'이 우리를 통해서 이루어진다는 사실, 우리를 통해 회복되고, 우리를 통해서 '드러난다'는 사실을 충분히 반영하지 못한다.

18 A. Peyriguère, *Von Christus ergriffen*, (독일어판) Luzern-Stuttgart 1963, 169; *Im Geistes Charles de Foucaulds*, Mainz 1963, 16의 M. Lafon이 쓴 서문에서 재인용.

19 Meister Eckhart, Predigt 6, in: *Predigten*, WW I (N. Largier), Frankfurt 1993, 83.

20 Ad Diognetum 11,4 = FC 72, 237. 문맥에 맞게 저자가 번역을 일부 수정하였음.

21 Maximus Confessor, *Ambiguorum lib*. (PG 91,1084).

22 Angelus Silesius, *Cherubinischer Wandersmann*, hrsg. v. L. Gnädiger, Stuttgart 1984, Nr. 36, 238, 36; 36, 148, 30.

23 M. Luther, Sermo vom 25. 12. 1520 = WA 7,187-193, 이 이야기는 189쪽.

24 H. Wheeler Robinson, The Hebrew conception of corporate Personality, in: *ZAW*, Bh. 66 (1936) 49.

25 J. Ratzinger, *Erwägungen zur Stellung der Mariologie und Marienfrömmigkeit im Ganzen von Glaube und Theologie*, in: J. Ratzinger / H. U. v. Balthasar (Hrsg.), *Maria - Kirche im Ursprung*, Einsiedeln-Freiburg i. Br. ⁵2005, 15-30, 이 글은 22쪽; J. Ratzinger, "Du bist voll der Gnade", in: J. Ratzinger / P. Henrici (Hrsg.), *Credo. Ein theologisches Lesebuch*, Köln 1992, 106.

26 마리아와 교회 사이의 관계에 관한 자세하고 세분화된 연구는 다음을 참고하라. G. Greshake, *Maria - Ecclesia. Perspektiven einer marianisch grundierten Theologie und Kirchenpraxis*, Regensburg 2014, bes. ab 376; G. Greshake, *Maria ist die Kirche. Aktuelle Herausforderung eines alten Themas*, Topos TB, Kevelaer 2016.

27 넓고 광대하다는 뜻의 그리스어 플라티테라(*Platytera*, Πλατυτέρα)는 한 성모 찬송가를 지칭하는 말로도 쓰인다. 성모 찬송가는 다음과 같이 노래한다. "주님께서 당신의 몸을 하늘보다 더 크고 넓게 만드셨나이다." 러시아어 즈나메니에(*Znamenie*)는 표징이라는 뜻이다.

28 Ch. Lubich, *Maria - die erste Christin*, (독일어판) München ²1979, 8.37.

역자 후기

저자인 그레샤케 신부님은 오랫동안 오스트리아 빈 대학과 독일 프라이부르크 대학에서 교의신학 교수로 봉직했고, 은퇴 후에도 로마의 그레고리오 대학에서 초빙교수로 후학을 가르쳤습니다. 그레샤케 신부님은 지금까지 교의신학에 관한 여러 저작, 특히 교회론과 창조종말론 분야의 중요한 저작을 많이 내놓았습니다. 그러나 그레샤케 신부님이 평생 동안 쌓아 온 학문적 성취와 명망에 비해, 국내에서는 많은 책이 소개되지는 않았습니다.

본서는 그레샤케 신부님이 성탄을 주제로 2019년 빈 가톨릭 아카데미에서 했던 강연을 담고 있습니다. 이 책에서 저자는 여러 그리스도교 사상가를 소개하며, 그 사상가들이 얼마나 다양한 방식으로 성탄을 묵상해 왔는지 우리에게 알려 줍니다. 또한 저자는 사상가들의 글뿐 아니라 성탄과 관련된 성화와 이콘도 함께 소개하고, 이를 신학적으로 해설합니다. 성탄에 관한 다양한 글과 이 콘을 묵상하면서, 독자들은 성탄을 더 깊고 풍요롭게 이해하게 될 것입니다. 저자는 성탄이 이천 년 전에 한 번 일어나고 끝나 버린 사건이 아니라고 말합니다. 하느님이 세상의 가장 낮은 곳으로 오시어, 세상의 모든 비천함과 비루함을 끌어안으시는 일은 오늘도 계속됩니다. 우리 안에서, 그리고 우리를 통해서 그분의 탄생은 계속됩니다.

번역을 하면서 많은 도움을 받았습니다. 우선 분도출판사 김성찬 신부님이 기획 단계에서 큰 도움을 주었고, 편집부에서 거친 원고를 정성껏 다듬어 주었습니다. 저자도 강연 때 썼던 구어체를 책에서 그대로 살렸다고 밝히는 터라, 저도 번역을 하면서 최대한 구어체를 살리려 했습니다. 그레샤케 신부님이 한국어로 강연을 한다면, 과연 어떻게 표현하셨을까 생각하며 번역을 하다 보니, 처음에는 의역과 오역의 경계를 서성이는 문장들도 몇 있었습니다. 편집부에서 의역에서 오역으로 넘어가지 않도록 파수꾼 역할을 잘해 주었습니다. 정확해진 것은 편집자의 공이고, 그래도 남아 있는 부족함은 역자의 탓입니다.

제가 이 책을 번역한 이유는 단순합니다. 제가 성탄 이야기를 좋아합니다. 하느님이 사람이 되시어 사람들과 함께 사셨다는 이야기는 언제 들어도 좋습니다. 사람이 고귀한 존재라면, 그 이유는 무엇보다 하느님이 사람이 되신 성탄 이야기에서 찾아야 할 것이라고, 저는 줄곧 생각해 왔습니다. 하느님이 사람이 되실 정도로, 그렇게 사람이 소중하다는 이야기니까요. 제가 좋아하는 이야기를 여러분도 함께 좋아해 주길 빕니다. 이 작은 책을 성탄 선물로 드립니다.

2021년 성탄을 기다리며,
허찬욱 올립니다.